그것은 설교가 아니다

THAT IS NOT A SERMON

손원배 지음

KB214630

NewPuritan

내 양은 내 음성을 들으며

나는 그들을 알며

그들은 나를 따르느니라

—

요한복음 10장 27절

목차

THAT IS NOT A SERMON

1.
목회 현장에서
배우다

1. 목회 현장에서 배우다

목회자의 길을 걷다

나는 신학자가 되려고 했다.

총신신학대학원을 졸업한 후 유학을 떠나 미국 미시간 주에 있는 칼빈 신학교와 필라델피아에 있는 웨스트민스터 신학교에서 조직신학 석, 박사 과정을 공부했다.

그러나 하나님께서는 나의 방향을 돌려 목회자의 길을 걷게 하셨다.

목회 현장으로 떠나며 드린 기도

캘리포니아 산호세에 있는 작은 개척교회로부터 청빙을 받았다.

짐을 먼저 보냈다. 짐은 대부분 그동안 가난한 유학생으로 공부하며 일하며 한푼 두푼 모아 한 권 두 권 사 모은 책들이었다.

1992년 3월에 미국 동부 대서양 연안에 있는 필라델피아에서 서부 태평양 연안에 위치한 산호세로 떠났다.

출발하는 날 아침에 파트타임 부교역자로 섬기던 필라한인 연합교회에 갔다. 예배실에 들어가 기도를 드렸다. "하나님, 지금 출발합니다. 아시다시피, 저는 교수가 되려고 신학 공부만 열심히 했지, 목회 준비는 전혀 되어 있지 않습니다. 목회를 도와주세요. 제가 열심히 하겠습니다."

그리고 조그만 차에 아내와 다섯 살 된 아이를 태우고, 정든 학업의 길을 벗어나서 낯선 목회의 길을 떠났다. 조그만 교회 목회를 위해 생면부지의 땅으로 떠나는 젊은 목사 가족이 안쓰러워 나온 몇몇 성도들의 환송을 받으며, 생각지 못했던 길, 그래서 마음의 준비조차 되지 않았던 길을 그렇게 떠났다.

거대한 대륙을 횡단하는 내내 우리는 오직 셋뿐이었다. 아내와 어린 아들과 나.

스쳐 지나가는 낯선 사람들, 가도 가도 끝이 보이지 않는 길, 횡하니 바람만 부는 텍사스와 애리조나의 붉은 광야 길. 그러나 우리는 외롭지 않았다. 하나님이 우리 곁에 계셨기 때문이다.

네 번째 신학교

목회를 시작할 당시 나는 꿈에도 생각지 못했지만, 나에게 목회는 하나님의 은혜로 시작되는 네 번째 신학교 입학이었다.

전에는 교수님들로부터 배웠지만, 이 신학교에서는 성령님께서 나를 가르치셨다.

보혜사 곧 아버지께서 내 이름으로 보내실
성령 그가 너희에게 모든 것을 가르치고
내가 너희에게 말한 모든 것을 생각나게 하리라
(요한복음 14장 26절)

너희는 주께 받은 바 기름부음이 너희 안에 거하나니
아무도 너희를 가르칠 필요가 없고
오직 그의 기름부음이 모든 것을 너희에게 가르치며
또 참되고 거짓이 없으니
너희를 가르치신 그대로 주 안에 거하라
(요한일서 2장 27절)

전에는 교수님들이 많은 학생들을 모아놓고 가르쳤지만, 여기서는 성령께서 나 하나를 놓고 가르치셨다. 교수님들은 강의실에서 신학 지식을 전해주었지만, 성령님은 목회 현장에서 성경을 읽게 하시고 깨우쳐 주시며 살아계신 하나님을 만나게 하셨다.

되돌아보면, 매사에 느리고 둔한 편인 나는 성령님의 가르침을 참 더디 깨달았다. 그렇지만 성령께서는 인내심을 가지고 나를 가르쳐주셨다.

나는 아무 것도 몰랐다

목회 시작 전부터 나는 내가 목회 준비가 안 된 자격 미달의 목사인 줄은 알고 있었다. 그런데 목회 현장에 와서 보니, 그것

14

이 아니었다. 나는 목회 준비가 안 된 목사였을 뿐 아니라, **목회가 무엇인지조차 모르는** 철부지 목사였다.

전원책 변호사의 책 "신군주론"을 소개하는 신문 기사를 읽은 적이 있다. 그의 글에 의하면, "정치란 무대 위에서 결점투성이의 배우들이 벌이는 선정적인 사기극이다." "정치인은 딱 세 부류가 있다. (첫째) 거짓을 일삼는 천박한 자, (둘째) 무지한 자, 그리고 (셋째) 천박하면서 무지한 자." "우리는 지금 정신병동에 누구를 보낼 것인가를 두고 엄청난 돈과 시간을 들여 선거란 것을 하고 있다."

외과 의사가 예리한 칼로 암 덩어리를 도려내듯이 정곡을 찌르는 그의 지적에 속이 후련하고 통쾌했다. 그런데 문득 이런 생각이 들었다. "그렇다면 당신 변호사들은 어떤가? 변호사들은 딱 세 부류가 있다. 첫째 거짓을 일삼는 천박한 변호사들, 둘째 무지한 변호사들, 그리고 셋째 천박하고 무지한 변호사들."

그런 생각을 즐겁게 하고 있는데 갑자기 내 속에서 이런 말이 들려 오는 것 같았다. "그러면 너희 목사들은 어떠냐?" 내가 목사이므로 목사로서 고백하건대, 목사들은 오직 세 부류가 있을 뿐이다. 첫째 거짓을 일삼는 천박한 목사들, 둘째 무지한 목사들, 그리고 셋째 천박하고 무지한 목사들. 그 이상은 없다.

내가 총신에 입학하여 3년간 신학을 배울 때, 동기들과 함께 가장 많이 불렀던 찬송이 무엇인지 아는가? 단연 압도적으로 많이 부른 찬송이 있다. 그 찬송은 바로 323장 "부름 받아 나선 이 몸"이다. 기회만 있으면 우리는 이 찬송을 하나님 앞에서 목청을 다해 불러드렸다. 우리 동기뿐 아니라 많은 목사들이 그랬을 것이다.

그런데 신학교를 졸업한 후에 내가 가장 안 부르는 찬송이 무엇인 줄 아는가? 바로 이 찬송이다. 오랫동안 목회를 하면서 나는 주일예배, 헌신예배, 임직예배 등 어떤 예배에서도 이 찬송을 단 한번도 부르지 않았다. 않았다기보다, 하나님께 창피해서 이 찬송을 부를 수가 없었다.

신학교를 다닐 때는 "부름받아 나선 이 몸 **어디든지 가오리다**"고 힘차게 찬송을 했지만, 막상 졸업할 때 보니 나를 포함하여 모두가 가난한 시골 교회들을 외면하고 도시 대형교회들을 기웃거렸다. "존귀 영광 모든 권세 주님 홀로 받으소서 **멸시 천대 십자가는 제가 지고 가오리다**"고 그렇게 열정적으로 찬송을 드렸지만, 목회 현장에서는 조그만 멸시에도 몸을 부르르 떨며 화를 내고, 존귀 영광 권세를 조금이라도 더 누려보려고 발버둥 치는 우리 모습을 보았기 때문이다.

기록된 바
의인은 없나니 하나도 없으며...
(로마서 3장 10절)

그들만 죄인이 아니었다. 나도 죄인이었다.

그들만 천박하고 무지한 자들이 아니라, 목사인 나도 천박하고 무지하기는 마찬가지였다.

내가 세 개의 신학교에서 오랫동안 신학을 공부하며, 그래도 나 자신이 제법 대단한 존재인 줄 착각했었지만, 목회 현장에 와보니 나는 자격 미달의 엉터리 목사였을 뿐 아니라, 목회가 무엇인지조차 모르는, 천박하고 무지한 목사였다.

나는 교회와 함께 성장했다

그런 나를 성령께서 목회 현장에서 가르치셨다.

성도들을 통해 깨닫게 하시고 교회와 함께 성장하게 하셨다.

그래서 나는 은퇴를 앞두고 성도들에게 이렇게 말하곤 했다. "하나님께서는 나를 여러분을 통해 배우게 하셨고 여러분과 함께 성장하게 하셨습니다." 작은 교회가 세월이 흐르며 신앙

17

적으로 성숙해가고 수적으로 성장해갈 때, 나도 그들과 함께 조금씩 예수님을 닮아가며 성숙하고 성장하게 하셨다.

그래서 나는 안다.
목사는 목회를 통해 성숙하고 교회와 함께 성장한다.

다섯 과목을 이수하다

성령께서 나를 가르치신 강의실은 목회 현장이었다. 착한 성도들보다는 속을 썩이는 교인들을 사용하셔서 나의 고정관념과 어리석은 고집과 교만을 깨뜨리셨다. 그리고 그렇게 깨어진 나에게 성경을 교재로 사용하여 가르쳐 주셨다.

목회 현장에서 성령님이 나에게 가르쳐 주신 성경의 진리를 정리하면, 크게 다섯 가지였다.

처음 몇 년간은 **목회**가 무엇인지를 가르쳐주셨고, 이어서 목회의 토대가 되는 **신앙생활**이 무엇인지를 가르쳐주셨다. 그 다음에는 **기도**가 무엇인지를 깨닫게 하셨다. 1998년 가을부터는 가정교회를 시작하게 하시면서 **교회**가 무엇인지를 가르쳐주셨고, 목회의 중반을 넘어서면서 마지막으로 **설교**가 무엇인지를 가르쳐주셨다.

　많은 시행착오와 실패를 경험하는 나의 목회 현장 속에서, 성령님은 느리고 둔한 나를 가르치시고 또 가르치셔서 성경의 진리를 깨닫게 하셨고 또 그 **말씀에 복종하게 하셨다**.

THAT IS NOT A SERMON

2.
"목회는
내가 하는 것이야"

2. "목회는 내가 하는 것이야"

첫 과목

성령님이 가르쳐주신 첫 수업은 목회에 관한 것이었다.

목회가 시작되고 몇 달도 되기 전에, 하나님께서는 필라델피아에서 출발하며 드린 나의 기도가 잘못된 기도였음을 깨닫게 하셨다. "너는 나에게 네가 목회할 때 도와달라고 기도했지. 그렇지만 목회는 그런 것이 아니란다. **목회란** 네가 하고 내가 너를 돕는 것이 아니라 **내가 하고 네가 나를 돕는 것이야.**"

나는 이 가르침을 쉽게 이해할 수 있었다. 간단하고 선명했기 때문이다. "아 그렇군요. 목회가 그런 것이군요." 그래서 나는 다짐했다. "이제부터는 내 맘대로 목회하면서 하나님을 조수로 부리지 않고, 내가 하나님의 종이 되어서 하나님께서 하시는 대로 따라가며 하나님의 목회를 돕겠습니다."

그리고 2, 3년이 정신없이 흘러갔다. 그러던 어느 날 하나님께서는 나를 돌아보게 하셨다. 그런데 되돌아보니 내가 하나님을 따라가지 않고 여전히 앞장서서 내 계획대로 목회를 주도하고 있었다. 어려울 때만 잠시 멈추어 서서 하나님께 도움을 청할 뿐, 해결되면 다시 내가 주인으로 돌아가서 내 뜻대로 목회를 하는 내 모습을 보게 되었다.

하나님께 너무 죄송했다. 회개하고 다시 다짐했다.

그러나 고무줄을 놓으면 즉시 원상태로 돌아가는 것처럼, 그 후로도 내 모습은 여전했다. 나 자신을 아무리 다그치며 다짐해도 소용이 없었다. 나 자신에게 너무 실망스러웠다. 그렇지만 그것이 나였다.

처음에는 간단하고 쉬워 보였다. 그러나 그것이 아니었다. 목회란 나의 수고나 지성, 열정의 결과물이 아니었다. 진정한 목회는 주인이 되려고 하는 나를 십자가에 못 박고 목회의 주도권을 하나님께 넘겨드리는, 나 자신과의 치열한 싸움에서 시작되었다.

　내가 비록 믿음의 어머니 밑에서 성장하며 어려서부터 한 번도 교회를 떠난 적이 없지만, 그리고 십대 초반에 성령을 경험하고 신학을 공부하고 목사가 되고 부름을 받아 한 교회를 섬기고 있었지만, 그럼에도 불구하고 나는 여전히 죄성(inclination to sin)을 극복하지 못한 채 죄의 포로가 되어 끌려가는 곤고한 인생에 불과했다.

오호라 나는 곤고한 사람이로다
이 사망의 몸에서 누가 나를 건져내랴
(로마서 7장 24절)

헛되지 않은 하나님의 은혜

　나를 향해 깊이 절망하던 어느 날 한 줄기의 소망이 비추어 왔다. 소망은 내 안이 아니라 하나님께 있었다. 나를 바라보면 실망할 수밖에 없었지만, 시선을 돌려 하나님을 바라보니 희망이 보였다. 하나님의 은혜가 피부처럼 가까이 느껴졌다.

나는 아무것도 아니었고, 오히려 하나님의 목회에 걸림돌밖에 되지 못했다. 그렇지만 바울에게 그랬던 것처럼 나를 향한 하나님의 은혜도 결코 헛되지 않았다.

> 그러나 내가 나 된 것은 하나님의 은혜로 된 것이니
> **내게 주신 그의 은혜가 헛되지 아니하여**
> 내가 모든 사도보다 더 많이 수고하였으나
> 내가 한 것이 아니요 오직 나와 함께 하신
> 하나님의 은혜로라
> (고린도전서 15장 10절)

그 후로도 실패는 거듭되었다. 그러나 그 과정 속에서 하나님께서는 쓸모없는 나무토막 같고 거친 돌덩이 같던 나를 은혜의 손길로 조금씩 조금씩 다듬어 가셨다.

목회의 시간이 한 해 두 해 흐르면서, **목회에 관한 성령의 가르침**이 어느덧 내 안에 조금씩 자리 잡기 시작했다. 식당 개 3년이면 라면을 끓인다고, 내가 비록 미련하고 둔해도 이제는 "내 목회"를 내려놓고 어느 정도 "하나님의 목회"를 따라가는 내가 되어간 것이다.

놀라운 일이 일어나다

저울의 추가 **내 목회에서 하나님의 목회로** 기우는 순간, 놀라운 일이 일어났다. 무엇보다도 신기하게 모든 걱정이 싹 사라져버린 것이다. 정신을 차리고 보니, 내 목회가 아니었기 때문이다. 교회도 내 교회가 아니었고, 교인들도 내 양이 아니었고, 목회도 내 목회가 아니었다. 모두 하나님의 것이었다.

이제는 교회에 무슨 문제가 발생해도 전혀 초조하지 않았다. 그럴 이유가 사라진 것이다. 분란이 일어나서 교회가 당장 망할 것 같아도 편안했다. 내 교회가 아니었기 때문이다. 망해도 내 교회가 아니라 하나님의 교회가 망하는 것이었기 때문이다.

그 후로 나는 설교 시간이나 성경공부 시간에 가끔 성도들에게 이렇게 말하곤 하였다. "나는 이 교회가 망해도 상관없습니다. 내 교회가 아니라 하나님의 교회이기 때문입니다. 그래도 내가 열심히 교회를 섬기는 이유는 이 교회의 주인이신 하나님이 내 아버지이시기 때문입니다."

너희가 아들이므로
하나님이 그 아들의 영을 우리 마음 가운데 보내사
아빠 아버지라 부르게 하셨느니라

그러므로 네가 이후로는 종이 아니요 아들이니
아들이면 하나님으로 말미암아 유업을 받을 자니라
(갈라디아서 4장 6-7절)

그런데 하나님은 결코 망하시지 않았다. 내가 목회하는 동안 교회는 한 번도 재정이 부족한 적이 없었고, 한 해도 주일예배 출석수가 준 적이 없었다.

주변에 교회 일로 근심하는 목사들을 많이 본다. 그런데 왜 근심하는가? 전능하신 하나님이 살아계심을 믿는다면, 그리고 교회가 그분의 소유라면, 도대체 왜 걱정하는가? 교회가 망할까봐 염려하는 것은 내 교회, 내 양이라는 착각과 집착에서 오는 것이 아닐까?

예수님의 초청

마태복음 11장 28-30절은 수고하고 무거운 짐을 진 자들을 부르시는 "예수님의 초청장"이다.

수고하고 무거운 짐진 자들아
다 내게로 오라

내가 너희를 쉬게 하리라
나는 마음이 온유하고 겸손하니
나의 멍에를 메고 내게 배우라
그리하면 너희 마음이 쉼을 얻으리니
이는 **내 멍에**는 쉽고
내 짐은 가벼움이라 하시니라

예수님께서는 너의 짐을 내려놓고, 대신 **나의 멍에**를 메고 **내 짐**을 지라고 말씀하셨다. 목회는 목사가 자기 멍에를 메고 자기 짐을 지는 것이 아니다. 목회란 내가 예수님의 초청을 받아 예수님의 멍에를 메고 그의 짐을 지는 것이다.

그리하면 놀라운 일들이 시작된다. 약속하신 것처럼, 모든 염려들이 떠나가고 마음에 진정한 쉼이 찾아온다.

세상이 줄 수도 없고 빼앗아 갈 수도 없는 이 평안을 나는 맛보았다. 여러분은 어떠한가? 이것은 강의실에서 교수님들에게 배우는 것이 아니다. 이 쉼은, "나의 멍에를 메고 **내게 배우라**"고 하신 예수님의 말씀에 순종하여, 목회의 현장에서 예수님의 멍에를 메고 예수님께 배우는 자들만이 누릴 수 있는 천국의 비밀이다.

...나의 멍에를 메고 내게 배우라
그리하면 너희 마음이 쉼을 얻으리니
(마태복음 11장 29절)

내가 목사라서 목회를 예로 들었지만, 가정에서 자녀 양육도 그렇고, 직장생활이나 기업경영도 마찬가지이다. 가정이나 직장에서 주인 노릇하지 말고, 만물을 다스리시는 "만왕의 왕"(King of kings) 예수 그리스도께 주도권을 넘겨보라. 주인 자리에서 내려와 예수님의 멍에를 메고 그와 함께 일해보라. 예수님께서 내 가정과 사업을 주도하기 시작하시면, 실로 놀라운 일들이 가정과 사업터에서 벌어지기 시작한다.

가정에서, 일터에서, 교회에서 지금 나는 어떤 멍에를 메고 있는가? 나의 멍에인가? 예수님과 함께 메는 예수님의 멍에인가?

주도권을 넘겨드려라. 그리고 예수님의 멍에를 메고 예수님을 따라 일하라. "수고하고 무거운 짐"이 벗겨지고, 장차 천국에서 누릴 쉼과 평안을 이 땅에서도 맛보며 살게 될 것이다.

목회는 자기 부인이다

베드로가 "주는 그리스도시요 살아계신 하나님의 아들"이라는 신앙고백을 했을 때, 예수님께서는 공생애 처음으로 **내 교회**를 세우겠다는 말씀을 하셨다.

이르시되 너희는 나를 누구라 하느냐
시몬 베드로가 대답하여 이르되
주는 그리스도시요
살아계신 하나님의 아들이시니이다
예수께서 대답하여 이르시되
바요나 시몬아 네가 복이 있도다
이를 네게 알게 한 이는 혈육이 아니요
하늘에 계신 내 아버지시니라
또 내가 네게 이르노니 너는 베드로라
내가 이 반석 위에 **내 교회**를 세우리니
음부의 권세가 이기지 못하리라
(마태복음 16장 15-18절)

이 고백을 한 후 베드로는 예수님께 큰 칭찬을 들었다. 그러나 곧바로 예수님의 심한 책망을 받는다.

예수께서 돌이키시며 베드로에게 이르시되
사탄아 내 뒤로 물러가라
너는 나를 넘어지게 하는 자로다
네가 하나님의 일을 생각하지 아니하고
도리어 사람의 일을 생각하는도다 하시고
이에 예수께서 제자들에게 이르시되
누구든지 **나를 따라오려거든**
자기를 부인하고 자기 십자가를 지고 나를 따를 것이니라
(마태복음 16장 23-24절)

누구든지 예수님을 따라가며 예수님의 교회를 목회하려면, 가장 중요한 것은 "자기 부인"(self-denial)이다. 이 길은 **내 교회**를 세우시겠다고 선언하신 예수님께서 그의 교회를 세우시기 위해 친히 걸어가신 길이다. 목회란 예수님을 따라가기 위해 자신을 십자가에 못 박는 자기 부인의 길이다.

교회의 머리가 되려고 하지 말라. 나도 망하고 교회도 망한다. 목회의 주도권을 교회의 머리이신 예수 그리스도께 넘겨드려라. 나도 살고 교회도 산다.

그는 몸인 교회의 머리시라...
(골로새서 1장 18절)

미국 목회는 순교다

오래전에 중국에 말씀을 전하러 간 적이 있다. 당시 심천에서 한인 교회를 목회하는 목사님이 나를 위로하며 이런 말을 해주었다. "미국 목회 힘드시죠? 목사로서 대접받으며 목회하려면 한국에서 해야 해요. 한국에서 목사님들이 하는 것을 '목회'라고 한다면, 중국 같은 선교지에서 목회하는 것은 '선교'이고, 미국에서 목회하는 것은 '순교'입니다."

이분은 미국을 잘 아는 분이다. 실제로 미국에서 목회하는 것은 '순교'라고 할 만큼 힘들다. 한국에서 목회에 성공했던 목사님들이 자신감을 가지고 미국에 왔다가 죽을 쑤는 경우를 많이 보았다. 미국은 "목사들의 무덤"이라고 할 만큼 목회가 참 힘든 곳이다.

내가 미국에서 목회하며 느낀, 미국 목회가 힘든 이유를 몇 가지만 설명하면 이렇다.

첫째, 미국 목회가 힘든 이유는 교인들이 똑똑하기 때문이다. 이민을 왔든지 유학으로 왔든지 교인들의 평균 학력이 상당히 높다. 똑똑한 아내 한 명 모시고 사는 것도 피곤한데, 교회 안에 똑똑한 교인이 수십 명, 수백 명 있다면 어떤 일이 벌어질지 상상해 보라.

공부를 많이 한 사람들과 똑똑한 사람들은 대부분 자기 의견을 가지고 있다. 그래서 자기 주장들이 강하다. 목사들이 기도하며 하나님의 뜻대로 교회를 이끌어가려 해도, 어린아이들처럼 순진하게 그냥 따라오지 않는다. 자기 나름의 판단기준을 가지고, 하나 하나 모두 평가하고 검증하려 든다.

둘째, 미국 목회가 힘든 이유는 이민자들이 대부분 결단력과 추진력이 매우 강하기 때문이다. 정든 부모형제와 고향산천을 뿌리치고, 언어도 다르고 문화도 다르고 인종도 다른 낯선 나라로 이민을 떠나온 사람들이기 때문에, 강력한 의지와 개척정신으로 무장된 사람들이다. 교회의 구성원들이 그렇다 보니, "사공이 많으면 배가 산으로 간다"는 옛말처럼, 이민자들의 교회는 선장의 지휘가 먹히지 않는 배와 같다.

셋째, 미국 목회가 힘든 이유는 이민 교회 교인들의 평균 신앙년수가 한국 교회 교인들의 평균 신앙년수보다 훨씬 짧기 때문이다. 한국에 살 때는 교회에 전혀 관심이 없던 사람들도 미국에 오면 교회에 나오게 되는 경우가 많다. 외롭기 때문이다. 영어를 못해서 바보 취급 받고, 김치 냄새, 마늘 냄새가 난다고 인종차별을 겪으면서 감옥 같은 하루 하루를 견뎌보라. 정말 어디 속 시원하게 한국말로 대화할 수 있는 곳이 있다면, 깊은 산골이나 벽지 어촌이라도 찾아가지 않겠는가?

질식할 것 같이 꽉 막힌 문화 환경과 언어장벽 속에 매일 숨 죽이며 살다가, 내키는 대로 마음껏 한국말로 떠들 수 있고, 눈치 안 보고 김치도 먹을 수 있는 교회는 이민자들이 맘 놓고 숨 쉴 수 있는 해방 공간이다. 그래서 교회에 나간 적이 없는 분들도, 그리고 여전히 예수님을 믿고 싶은 마음이 없는 분들도, 미국에 오면 교회를 찾아 나온다.

교회 입장에서 보면, 복음 전도의 소중한 기회이다. 이렇게 외로워서 교회에 나온 분들이 복음을 듣고 회개하고 예수님을 주님으로 영접하여 **신자**로 거듭나는 경우도 많다.

그러나 다른 한편으로는 세상의 틀에서 아직 벗어나지 못한 사람들, 곧 아직 예수님을 인격적으로 만나지 못한 **교인**들이 교회에서 다수를 차지하게 되면서, 교회는 세속화되는 위험에 처하게 된다.

이민 교회들은 대부분 작아서 일꾼도 부족하고 재정도 약하다. 그래서 목회자들은 아직 거듭나지 못한 교인이라도 재력이나 학력이 좀 있고 교회에서 봉사를 열심히 하는 교인이 있으면, 교회에 붙잡아 두기 위해 직분을 남발하는 유혹을 받게 된다. 그래서 **신자**가 아니라 아직 **교인**인 그들을 집사, 권사로 세우기도 하고 심지어 장로로 세우기도 한다.

그러나 결과는 뻔하다. "믿는 도끼에 발등 찍힌다"는 말처럼, 그들은 사사건건 목회에 장애물이 된다. 그냥 놔두면 그들은 교회를 사회단체로 만들어간다. 복음도 모르고 중생도 모르고 교회가 무엇인지도 모르기 때문이다. 직분자로 세우기는 쉽지만, 세워진 사람을 물러나게 하는 것은 백배, 이 백배 힘들다. 그래서 이민 교회 목회는 이래저래 힘들 수밖에 없다.

교회에 문제가 있으시나봐요?

내가 목회하던 산호세 인근에 기도원이 하나 있다. 기도원에 가려면 제법 높은 산을 넘어가야 하는데, 나는 눈을 감고도 차를 몰고 넘어갈 수 있다고 농담을 할 만큼 자주 기도원에 올라갔다. 그렇지만 내가 기억하기에 나는 한 번도 교회에 문제가 있어서 기도원에 올라간 적은 없다.

기도원에 있다 보면, 가끔 목사님들을 만난다. 대부분 교회에 문제가 있어서 올라온 분들이다. 나를 만나면 내게 묻곤 했다. "손 목사님도 교회에 문제가 있어서 올라오셨나 봐요?" 이런 질문을 받을 때마다 참 난처했다. 교회 문제로 힘들어하는 분에게 "아니오. 나는 교회에 문제가 있어서 올라온 것이 아닙니다"고 솔직하게 말하기가 미안했고, 그렇다고 사실도 아닌데 "예, 나도 문제 있어서 올라왔습니다"고 거짓으로 말할 수도 없었기 때문이다.

목회를 하면서 나는 금식을 많이 한 편이다. 연초에 원단 금식으로 삼일씩 했고, 봄 가을에 기도원에 올라가 열흘씩 했고, 매주 하루 정도 금식을 했다. 그렇지만 교회에 문제가 있어서 금식을 하거나 기도원에 올라가서 떼 쓰며 기도를 한 적은 한 번도 없다.

순교라고 할 만큼 힘든 이민 교회 목회 현장에서 준비도 안 된 자격 미달의 목사가 어떻게 그렇게 편안하게 목회를 할 수 있었을까?
이유는 딱 하나다.
내 교회가 아니라 하나님의 교회였기 때문이다.

하나님께서 하셨다

이민 교회의 목회가 아무리 어려워도 하나님께는 전혀 문제가 되지 않았다. 내가 비록 목회 준비가 안 된 철부지 목사였을지라도, 목회에 성공하고 아름답게 마칠 수 있었던 이유는 오직 하나다. 목회 초기에 하나님께서 "목회란 네가 하는 것이 아니라 내가 하는 것이다”는 말씀에 복종하여, 목회의 주도권을 하나님께 넘겨드리려고 노력한 것 외에 다른 것은 없다.

되돌아보면 하나님께서 나에게 원하신 것은 그것이 전부였던 것 같다.

내가 아니라 하나님께서 하셨다. 나는 조수가 되어 하나님을 따라가며 내게 맡겨주시는 일을 조금 거들었을 뿐이다.

이론이 아니라, 하나님께서 실제로 산호세 임마누엘장로교회를 통해 보여주신 산 역사다. 경험자로서 나는 믿는다. 목사들이 하나님의 자리에 앉아 주인 노릇하며 하나님을 가로막지 않는다면, 교회는 반드시 부흥한다.

문제가 발생하지 않는다는 말이 아니다. 세상과 마찬가지로 교회 안에서도 문제들은 계속 일어난다. 차이는 문제의 해결자가 내가 아니라 하나님이시라는 데서 온다. 하나님께는 어려운 문제가 없었다. 비 온 뒤에 땅이 단단해지듯이, 하나님께서는 오히려 그 문제들을 통하여 교회를 더 든든히 세워가셨고 나를 단련하여 더욱 성장시키셨다.

나는 이것을 목회 현장에서 맛보았다. 목회의 주도권을 하나님께 넘겨드리라. 교회도 하나님의 것이고(행20:28, 고전1:2) 목회도 그분의 것이다. 주도권을 넘겨드리고 하나님의 조수가 되어 따라가 보라. 실로 놀라운 일들을 경험하게 될 것이다.

가정과 기업도 마찬가지이다. 가정과 기업을 포함하여 만물이 모두 하나님의 것이고 자녀도 하나님의 소유다.

하늘과 모든 하늘의 하늘과 땅과 그 위의 만물은
본래 네 하나님 여호와께 속한 것이로되
(신명기 10장 14절)

더 이상 주인 노릇하지 말고, 가정과 기업의 주도권을 하나님께 넘기고 하나님의 도에 복종하며 하나님을 따라가라. 그리하면 전능하신 왕 하나님께서 나의 가정과 자녀와 기업을 통치하셔서, 세상이 줄 수 없는 참 평안과 행복을 이 땅에서도 누리며 살게 하실 것이다.

THAT IS NOT A SERMON

3.
신앙생활은
복종이다

3. 신앙생활은 복종이다

목회를 하는 나에게 성령께서 진행하신 두 번째 수업은 **목회의 기초가 되는 신앙생활**에 관한 것이었다.

"목회는 네가 하는 것이 아니라 내가 하는 것"이라는 첫 가르침은 듣자마자 내가 정말 1초도 안 되어 깨달았다. 그러나 "신앙생활은 복종"이라는 두 번째 가르침은 내가 이 교훈의 실체를 확인하기까지 적어도 5년 이상이 걸렸다.

밭에 뿌려진 한 알의 씨앗처럼, "신앙생활은 복종"이라는 이

43

진리는 내 안에 뿌려진 후 오랜 세월이 지나며 싹이 나고, 폭풍우와 눈보라 속에 자라, 꽃이 피고 열매로 맺힌 소중한 교훈이다. 마치 조개가 한 알의 모래를 삼킨 후 고통과 인내의 긴 세월 속에 빚어내는 영롱한 진주처럼, 나에게 이 교훈은 오랜 세월을 지나며 시련 속에 빚어진 값지고 아름다운 보석이다.

분열되었던 세 교회가 연합하다

성령께서 "신앙생활은 복종"이라는 진리를 나에게 가르치기 위해 사용하신 것은 **교회의 연합**이었다.

내가 섬기다가 은퇴한 산호세 임마누엘장로교회는 1980년에 세워졌다. 그런데 이 교회가 1982년에 분열되어 브니엘장로교회가 세워졌고, 1991년 말에 다시 분열되어 온누리장로교회가 세워졌다.

내가 1992년 3월에 부임했던 교회는 임마누엘장로교회에서 막 분열되어 나온 작은 개척교회, 온누리장로교회였다. 8가정이 예배당도 없이 한 분의 장로 가정집에 모여 주일예배를 드리고 있었다.

목회를 시작하자마자, 임마누엘장로교회에서 먼저 분열되어 나온 브니엘장로교회와 연합하여, 그해 4월 첫 주일부터 온누리장로교회의 이름으로 함께 예배를 드렸다. 두 교회 모두 작은 교회였고, 브니엘장로교회는 담임목사님이 떠나고 없었기 때문에, 연합은 빠르게 진행되었다.

연합은 처음부터 순탄했다. 첫 예배를 드리고 몇 주가 지났을 때에 브니엘장로교회에 계셨던 분이 나에게 이런 말을 했던 것이 기억난다. "손 목사님은 참 복도 많으셔요. 싸움 잘하고 속 썩이는 집사들이 모두 떠난 다음에 오셨네요." 나는 안다. 참새 한 마리가 땅에 떨어지는 것도 결정하시는 하나님께서 목회의 경험도 없고 목회가 무엇인지도 모르는 나에게 베푸신 하나님의 은혜였다는 사실을.

참새 두 마리가 한 앗사리온에 팔리지 않느냐
그러나 너희 아버지께서 허락하지 아니하시면
그 하나도 땅에 떨어지지 아니하리라
(마태복음 10장 29절)

연합 후 교회는 바로 평안해졌다. 하나님의 은혜로 주일 예배에 기쁨이 있었고 성도들의 교제에 즐거움이 넘쳤다. 교인들은 교회에서 모이는 것만으로 부족하여 수시로 성도들의 집에서 모였다. 성도들이 행복해했고 나도 행복했다.

그러던 중 모교회인 임마누엘장로교회에 1993년 초에 새로 부임한 담임목사님이 암으로 투병하다가 그해 12월에 소천을 하셨다. 다시 연합이 거론되었다. 교회의 리더들이 서로 아는 사이인지라 연합은 급물살을 타고 진행되어, 드디어 1994년 2월 14일 주일에 연합예배를 드렸다.

분열되었던 세 교회가 모교회인 임마누엘장로교회의 이름으로 연합하여 다시 한 교회가 된 것이다.

분열의 역사를 뒤집다

이민 교회의 역사는 한 마디로 "분열의 역사"다. 미국에 있는 한인 이민 교회들은 대부분 분열을 통해 세워진 교회들이다.

앞서 말씀드린 것처럼 온누리장로교회도 분열로 세워졌고, 브니엘장로교회도 분열로 세워졌다. 모교회인 임마누엘장로교회도 북가주장로교회에서 분열되어 세워진 교회였다. 인근 도시에 있는 한 침례교회는 분란이 일어나자 다섯 교회로 분열이 되었고, 가까이 있는 CRC 교단 교회는 네 교회로 나누어졌다. 내가 칼빈신학교에서 공부할 때, 인근 도시 앤아버에 장로 8명이 섬기던 교회 이야기를 들은 적이 있다. 세월이 흐르며 이 교회가 8 교회로 분열했는데, 되돌아보니 8명의 장로가 각각 한 교회를 세웠다는 이야기다.

이처럼 이민 교회는 고통스러운 분열의 역사로 점철되어 왔다. 한국 내에 있는 교회들보다 미국에 있는 이민 교회는 2, 3배가 아니라 10, 20배 더 많이 분열된다고 보면 정확할 것이다.

왜 그럴까? 앞 장에서 말한 것처럼, 이민 교회의 구성원들은 성격상 결단력과 추진력이 뛰어나고, 자기 주장과 개척정신이 강하기 때문일 것이다. 더욱이 신앙의 연륜이 짧기 때문에 교회를 잘 모르고 하나님께 대한 두려움도 별로 없는 교인들이 다수를 차지해서 그럴 것이다.

그런데 이민 교회에 도도히 흐르는 이 분열의 역사를 미국의 한 모퉁이 캘리포니아 산호세에 있는 작은 세 교회가 뒤집은 것이다. 한 교회에서 두 번 분열하여 세 교회가 되었다가, 다시 한 교회로 연합했을 뿐 아니라, 이 과정에서 싸우는 것이 꼴 보기 싫다고 뛰쳐나간 두 가정을 빼고는, 모두 남아서 하나가 되어 아름답게 부흥성장을 이루어낸 것이다.

해산의 고통

그러나 첫 연합과 달리 두 번째 연합은 1년 넘게 엄청난 혼란과 고통을 겪으며 이루어졌다.

싸움은 연합하여 드린 첫 예배부터 시작되었다. 온누리장로교회에 속했던 성도들이 임마누엘장로교회에서 쓰던 헌금통을 치우고 그 자리에 온누리장로교회에서 사용하던 헌금통을 갖다 놓은 것에서 발단이 되었다. 온누리장로교회에서 쓰던 헌금통이 더 잘 만들어진 것이었기 때문에 아무 생각 없이 바꾸어 놓았지만, 그것이 곧바로 감정대립과 주도권 싸움으로 번져

나갔다.

주일마다 예배가 끝나면 큰 소리가 났다. 주일 오후에는 양측이 따로 모여 상대편을 정죄하고 비난했다. 누가 앞에 걸어오면 임마누엘장로교회에 속했던 분을 "임 씨"로, 온누리장로교회에 속했던 분을 "온 씨"로 부르며 서로 상대를 비웃었다. 늦은 밤에 담임목사인 우리 집으로 20여 명이 몰려와 항의를 퍼붓기도 하였다. 거친 말과 대립이 점점 격화되어 갔다.

겉모습을 보면 세 교회가 연합을 하여 함께 예배를 드리고 있었지만, 속을 들여다보면 교회는 여전히 세 교회로 나누어져서 서로 갈등하며 싸웠다. 성도들은 자기 감정에 사로잡혀서 분노를 억제하지 못했다. 감정이 상하니까 하나 하나 모든 것을 오해했다.

나중에 뒤돌아보니 이것은 영적 전쟁이었다. 우리가 싸워야 하는 적은 "혈과 육"을 지닌 사람이 아니라 마귀와 그의 세력이었지만, 영적 전쟁을 잘 모르는 우리는 진짜 적을 상대하지 않고 우리끼리 싸웠다.

마귀의 간계를 능히 대적하기 위하여
하나님의 전신갑주를 입으라

우리의 씨름은 혈과 육을 상대하는 것이 아니요
통치자들과 권세들과 이 어둠의 세상 주관자들과
하늘에 있는 악의 영들을 상대함이라
(에베소서 6장 11-12절)

마귀는 모습을 드러내지 않고, 증오의 불길이 번져갈 때 우리끼리 싸우도록 부채질하며 기름만 끼얹고 있었다.

교회의 연합을 하나님께서 기뻐하시니 우리가 서로 용서하고 사랑해야 한다고 강단에서 매주 설교를 하고 아무리 강조를 해도 소용이 없었다.

큰 잘못을 범하다

그러던 중 1995년 여름 어느 날 저녁에 온누리장로교회에 속했던 젊은 집사 몇 분이 나를 만나자고 하여서 어떤 식당에 갔다.

그들은 나에게 이렇게 말했다. "전에는 주일 예배가 기뻤고 그래서 주일을 기다렸습니다. 그런데 요즘은 주일마다 마음이 오히려 더 무겁습니다. 시간이 흐를수록 상처만 깊어지니까,

이제 연합을 포기하고 다시 이전으로 돌아갑시다. 교회를 다시 나눌 준비는 다 되었습니다. 단지 손 목사님을 두고 갈 수 없어서 결행을 미루고 있을 뿐입니다."

그 당시 나도 많이 지쳐있었기 때문에, 교회를 다시 나누자는 그들의 말에 덜컥 동조를 해버렸다. 그들은 기쁘게 돌아갔다. 그리고 내가 교회를 나누기로 했다는 소식을 즉시 전하기 시작했다.

식당에서 돌아와 늘 하던 대로 잠자리에 들기 전에 엎드려 기도를 하는데, 하나님께서 나에게 즉시 강한 감동으로 말씀하셨다. 내 기도의 일생 중에 그렇게 급하게 하나님께서 말씀하신 것은 그때가 처음이었다.

기도의 자리에 앉자마자 하나님께서 나에게 이렇게 말씀하셨다. "내 교회가 분열될 때마다 내 마음이 얼마나 아픈 줄 아니? 교회가 서로 싸우고 욕하며 갈라질 때, 어린 자녀들이 상처를 받고, 초신자들이 떠나고, 세상의 조롱을 받는 내 교회를 바라보는 내 심정을 네가 아니? 나는 **내 교회가 연합도 할 수 있다는 사실**을 네가 섬기는 교회를 통해 세상에 보여주고 싶었단다."

말씀을 듣는 순간 나는 내가 엄청난 죄를 저질렀다는 사실을 깨달았다. 교회의 주인이신 하나님께 여쭈어보지도 않고, 그분의 교회를 내가 나서서 나눈다고 선언을 하는 큰 잘못을 범한 것이다. 나는 즉시 하나님께 약속을 드렸다. "아시다시피 저는 그동안 교회 연합을 위해 애를 많이 썼습니다. 그러나 아무 소용이 없었습니다. 그렇지만 하나님께서 연합을 원하시면, 제가 교회를 나누지는 않겠습니다."

날이 밝자마자 전날 만났던 집사들에게 교회를 나누지 않겠다는 말을 전했다. 그러자 이제는 양쪽에서 거친 항의와 비난이 쇄도하기 시작했다. 온누리장로교회 분들은 말을 바꾼 나에게 실망을 해서 항의를 쏟아냈고, 임마누엘장로교회 분들은 나간다고 하더니 왜 안 나가냐고 비난을 퍼부었다.

나는 아무 변명도 할 수 없었다. 내가 잘못했기 때문이다. 그렇다고 물러날 수도 없었다. 하나님께 드린 약속, 곧 하나님의 뜻에 복종하여 교회를 나누지 않겠다는 약속을 지켜야 했기 때문이다. 그래서 주일 설교와 기본적인 일만 하면서, 그냥 자리만 지켰다.

놀라운 일이 일어났다

그런데 그때부터 정말 꿈에도 생각할 수 없었던 놀라운 일들이 일어나기 시작했다. 인간의 언어와 논리로는 도저히 설명할 수 없는 일들이었다.

그렇게 들끓던 성도들의 분노가 갑자기 사그라들기 시작한 것이다. 전에 내가 교회를 연합시키려고 온갖 애를 쓸 때는 상황이 점점 악화되어 갔는데, 이제는 내가 노력을 포기하고 가만히 있는데, 그렇게 시끄럽던 교회가 별다른 이유도 없이 갑자기 잠잠해지기 시작한 것이다.

놀라운 일은 거기서 그치지 않았다. 아직 매물로 나오지도 않은 넓은 새 예배당을 전혀 예상치 못한 경로로 구입하게 되었다. 그리고 그 후로 교회는 약 10년간 주일 예배 출석교인이 매년 1백명, 2백명씩 늘어가기 시작했다.

주일예배에 출석하는 인원이 1천명을 넘어서고, 2천명을 넘어섰다. 주변에서 "손 목사를 봐서는 교회가 성장할 것 같지 않은데, 임마누엘장로교회가 신기하게 성장을 한다"는 소문이 돌았다. 아내에게 물어봤더니 아내도 "당신을 봐서는 교회가 성장할 것 같지 않은데 이상하다"고 했다. 내가 생각해 봐도 신기했다. 나는 말도 어눌하고 행동도 느리고 설교도 시원찮은 목사였기 때문이다.

그래서 다음 날 새벽에 하나님께 여쭈어보았다. "이 교회가 왜 이렇게 성장을 하나요? 사람들이 궁금해하고, 저희 부부도 잘 모르겠습니다." 하나님께서는 그 순간 어떤 한 사건을 생각나게 하셨다. 그것은 바로, 집사들과 만난 식당에서 내가 교회를 나누겠다고 말했다가, 하나님께서 연합을 원하신다는 말씀을 듣고 **하나님께 복종한 그 사건**이었다.

당시를 되돌아보면, 교회를 나누겠다고 한 내 말은 이미 엎질러진 물이었다. 그래서 내가 인간적으로 생각했다면 담임목사로서 내 체면을 세우기 위해 고집스럽게 분열을 밀고 나갈 수도 있었다.

그러나 하나님의 뜻을 확인했을 때, 교인들의 반발이 예상되었음에도 불구하고, 체면과 자존심을 내려놓고, 하나님께 바로 복종을 했다. 하나님께서는 **이 작은 순종 하나를 보시고** 직접 나서셔서 마귀의 훼방을 제어하시고, 교인들의 들끓는 분노와 다툼을 가라앉게 하시고, 새 예배당을 찾아주신 것이다.

하나님의 은혜는 거기서 끝나지 않았다. 예배당이 넘쳐서 5

부 예배를 드려야 할 만큼 성도들을 보내주셨다. 2부와 3부 예배는 앞, 뒤, 옆줄에 보조 의자를 놓고도 자리가 모자랐다. 그래서 늦게 오는 교인들은 앉을 자리가 없어서 뒷문을 열고 밖에 서서 예배를 드려야 했다. 할 수 없이 그 자리에서 증축을 했다. 그래도 자리가 부족해서 현재 사용하고 있는 훨씬 더 넓은 예배당으로 이전을 해야 했다.

후일에 나는 성도들 앞에서 이런 간증을 한 적이 있다. "세 교회가 연합하여 오늘의 교회가 된 것은 여러분이 한 것도 아니고 제가 한 것도 아닙니다. 오직 하나님께서 하셨습니다. 우리는 서로 싸우며 교회를 무너뜨리는 일에 몰두했지만, 하나님께서 혼자 이루셨습니다."

교회가 연합을 이루고 크게 성장했을 때, 많은 사람들이 나를 칭찬했다. 그럴 때마다 "내가 아니라 하나님께서 하셨습니다"고 하면, 사람들은 이렇게 말하곤 했다. "그건 그렇지만 그래도 목사님이 잘하셨으니까 그렇게 된 것이지요." 그러나 아니다. 오히려 나는 하나님의 목회에 도움보다는 장애물이 되곤 했을 뿐이다.

그러나 교회의 연합과 부흥 과정에서 내가 하나님께로부터 그리고 사람들로부터도 칭찬을 들을 만큼 잘한 일이 하나 있다. 그것은 바로 내가 하나님의 뜻을 깨달았을 때 하나님께 복종한 그것이다.

목회는 복종이다

이 사건을 통해 성령님은 하나님께서 복종을 얼마나 기뻐하시는지를 가르쳐주셨고, 또한 목회는 다름 아닌 복종임을 가르쳐주셨다.

이 교훈을 배운 후에 나는 내가 주도해서 계획을 세우지 않으려고 노력했다. 외부에서 방문하는 분들은 어떻게 이렇게 큰 교회가 제대로 된 계획이 하나도 없냐고 의아하게 생각하곤 했다. 내게 물으면, 나는 이렇게 대답했다. "하나님께서 계획을 가지고 계신데, 왜 우리가 따로 계획을 세워야 합니까?"

광야에서 구름 기둥으로 이스라엘 백성을 인도하실 때처럼, 하나님께서는 그의 계획을 미리 보여주시지는 않았다. 그러나 믿고 따라가면 하나님께서는 언제나 모든 것을 합력하여 선을 이루셨다(롬8:28).

그러므로 어린아이가 부모님을 아무 생각 없이 무조건 믿고 따라가듯이, 우리도 하나님을 그렇게 믿고 따라가야 한다(막 10:15). 하나님을 믿지 못하여 우리가 별도로 다른 계획을 세우면, 그것이 하나님을 거역하는 불순종의 시작이 된다.

이에 서로 말하되
우리가 한 지휘관을 세우고 애굽으로 돌아가자 하매
(민수기 14장 4절)

그러나 그들이 말하기를 이는 헛되니
우리는 우리의 계획대로 행하며
우리는 각기 악한 마음이 완악한 대로
행하리라 하느니라
(예레미야 18장 12절)

교회는 세상과 다르다

요즘 앞서가는 목사들 중에는 하나님을 따라가지 않고, 자신들이 목회를 주도하며, 기업 경영방식이나 마케팅 등 세상 기술을 목회에 적용하여 성공을 거두는 분들도 있다. 그러나 그렇게 이룬 성공은 아무리 크게 성공하더라도 심판의 날에 지푸라기처럼 불타 없어질 세속적인 성공에 불과하다.

만일 누구든지 금이나 은이나 보석이나
나무나 풀이나 짚으로 이 터 위에 세우면
각 사람의 공적이 나타날 터인데
그날이 공적을 밝히리니
이는 불로 나타내고 그 불이 각 사람의 공적이
어떠한 것을 시험할 것임이라
만일 누구든지 그 위에 세운 공적이
그대로 있으면 상을 받고
누구든지 그 공적이 불타면 해를 받으리니...
(고린도전서 3장 12-15절)

그러므로 목회는 결코 기술이 되어서는 안 된다. 목사들의
목회는 기술이 아니라 그들의 삶, 곧 신앙생활이 되어야 한다.
신앙생활이 목회의 토대가 되지 않고, 오히려 목회가 삶에서
분리되어 기술로 전락하면, 그는 바리새인처럼 겉과 속이 다른
위선자가 될 수밖에 없다(마23:25-28). 그래서 목사의 자녀들 중
에 상당수가 아버지의 위선을 보며 상처를 받고 심지어 교회를
떠나기도 하는데, 교인들을 속일 수는 있지만 자녀들까지 속일
수는 없기 때문이다.

오늘날 유능하고 똑똑한 목사들은 교회와 세상의 차이를 외
면하려 하지만, 교회와 세상은 결코 같을 수 없다. 하늘과 땅이

다르듯이 "근본적으로" 다르기 때문이다. 그러므로 목사들이 교회를 세상 기업처럼 경영하는 것은 어리석고 치명적인 실수로 끝날 수밖에 없다.

사무엘 시대에 이스라엘 백성이 세상 나라들처럼 그들에게도 왕을 세워달라고 요청하였을 때, "왕이신 하나님"께서는 사울을 왕으로 세워주셨다.

> 이스라엘 모든 장로가...사무엘에게 나아가서...
> 모든 나라와 같이 우리에게 왕을 세워
> 우리를 다스리게 하소서 한지라...
> 여호와께서 사무엘에게 이르시되
> 백성이 네게 한 말을 다 들으라
> 이는 그들이 너를 버림이 아니요
> 나를 버려 자기들의 왕이 되지 못하게 함이니라
> (사무엘상 8장 4-7절)

그러나 사울 왕의 통치는 세상 왕들의 통치와 "근본적으로" 성격이 달라야 했다. "하나님의 나라"(Kingdom of God)와 세상 나라는 "근본적으로" 다르기 때문이다. 그가 왕으로 세움을 받았어도, 이스라엘은 여전히 "하나님의 백성"이었고(대하1:11 "내가 네게 다스리게 한 **내 백성**"), 하나님은 그의 "절대주권"(absolute sovereignty)을 포기할 수 없는 "영원한 왕"이시기 때문에(렘 10:10, 딤전1:17), 사울 왕은, 임의로 다스리는 세상 왕들과 달리, **하나님의 명령에 "복종"하는 통치**를 해야 했다.

...너희와 **너희를 다스리는 왕이**
너희의 하나님 여호와를 따르면 좋겠지마는
너희가 만일 여호와의 목소리를 듣지 아니하고
여호와의 명령을 거역하면
여호와의 손이 너희의 조상들을 치신 것같이
너희를 치실 것이라
(사무엘상 12장 14-15절)

그러나 아말렉과의 전쟁에서 사울 왕은 하나님의 명령에 복종하지 않았다.

여호와의 말씀이 사무엘에게 임하니라 이르시되
내가 사울을 왕으로 세운 것을 후회하노니
그가 돌이켜서 **나를 따르지 아니하며**
내 명령을 행하지 아니하였음이니라 하신지라
사무엘이 근심하여 온 밤을 여호와께 부르짖으니라
(사무엘상 15장 10-11절)

사울 왕은 결국 하나님께 버림을 당했다. 그가 버림을 당한 이유는 전쟁에 패배해서도 아니고 통치에 무능해서도 아니다. 오직 하나, 하나님의 명령에 복종하지 않았기 때문이다.

사무엘이 이르되 여호와께서 번제와 다른 제사를
그의 목소리를 청종하는 것을 좋아하심같이
좋아하시겠나이까
순종이 제사보다 낫고 듣는 것이 숫양의 기름보다 나으니
이는 거역하는 것은 점치는 죄와 같고
완고한 것은 사신 우상에게 절하는 죄와 같음이라
왕이 여호와의 말씀을 버렸으므로
여호와께서도 왕을 버려 왕이 되지 못하게
하셨나이다 하니
(사무엘상 15장 22-23절)

오늘날도 마찬가지다. 하나님께서는 목회에 무능하거나 실패했다고 해서 그가 세운 목사들을 버리지 않으신다. 그러나 "하나님의 나라", 곧 "왕이신 하나님의 주권적 통치"에 복종하지 않고, 자신들이 주도하여 교회를 세상 기업처럼 경영하는 목사들은 세상적으로 성공을 거두더라도 사울 왕처럼 반드시 버림을 당할 것이다.

신앙생활은 복종이다

목사들의 목회가 신앙생활로서 복종이어야 하는 것과 같이, 성도들의 신앙생활도 복종이다.

하나님께서 우리에게 주신 **구원**을 설명하려면 "은혜"와 "믿음" 두 단어가 필요하다. 그렇지만 "하나님의 은혜"가 없으면 "우리의 믿음"은 아무 의미가 없기 때문에, 우리의 구원을 설명할 때 없으면 안 되는 가장 중요한 단어는 "은혜"이다.

너희는 그 **은혜**에 의하여
믿음으로 말미암아 구원을 받았으니
이것은 너희에게서 난 것이 아니요
하나님의 선물이라
(에베소서 2장 8절)

구원 이후 우리의 **신앙생활**을 설명할 때, 없으면 안 되는 단어는 하나다. 이 단어 없이는 신앙생활을 설명하는 것이 불가능하다. 그 단어는 바로 "복종"이다.

이스라엘 백성의 경우도 마찬가지였다. 이스라엘의 구원, 곧 바로의 노예가 되어 고통받던 그들이 유월절과 홍해를 통해 얻은 **구원**을 설명하려면, "은혜"라는 단어가 반드시 필요하다. 그리고 홍해를 건넌 후 이스라엘 백성의 **신앙생활**은 오직 한 단어 "복종"으로만 설명이 가능하다.

이스라엘 자손이 **여호와의 명령을 따라** 행진하였고
여호와의 명령을 따라 진을 쳤으며...
구름이 성막 위에 머무는 날이 오랠 때에는
이스라엘 자손이 **여호와의 명령을 지켜**
행진하지 아니하였으며
혹시 구름이 성막 위에 머무는 날이 적을 때에도
그들이 다만 **여호와의 명령을 따라** 진영에 머물고
여호와의 명령을 따라 행진하였으며...
곧 그들이 **여호와의 명령을 따라** 진을 치며
여호와의 명령을 따라 행진하고
또 모세를 통하여 이르신
여호와의 명령을 따라 여호와의 직임을 지켰더라
(민수기 9장 18-23절)

홍해를 건넌 후 모세는 전쟁에 나갈 장정만도 60만이 넘는 백성을 광야에서 40년간 이끌었다. 그렇지만 그는 내일 어느 길로 갈지, 어느 지역에서 얼마 동안 머물며 무슨 일을 할지 계획을 세우지 않았다. 그냥 하루 하루 **여호와의 명령을 따라** 갔

다. 이것이 모세의 목회였다. 그리고 이것이 이스라엘 백성의 삶이었고 신앙생활이었다. 이것이 또한 우리의 목회가 되어야 하고 우리의 삶과 신앙생활이 되어야 한다.

제사장의 옷을 짓고 성막을 세우는 등 하나님의 일을 할 때도 마찬가지였다.

그들은 여호와께서 모세에게 **명령하신 대로**
청색 자색 홍색 실로…
아론을 위해 거룩한 옷을 만들었더라
(출애굽기 39장 1절)

모세가 그같이 행하되 곧
여호와께서 자기에게 **명령하신 대로** 다 행하였더라
(출애굽기 40장 16절)

이처럼 출애굽기의 마지막 두 장인 39, 40장에 보면 "여호와께서 모세에게 **명령하신 대로** 하였더라"는 말씀이 18회나 반복되어 나온다. 아무리 강조를 많이 해도 서너 번이면 족할텐데, 왜 이렇게 똑같은 말씀을 18번이나 반복하셨을까? 제사장 옷이나 성막을 짓는 것처럼 우리가 하나님의 어떤 일을 할 때,

하나님께서 우리에게 원하시는 것은 "창의적인 생각이 아니라 오직 복종"이라는 사실을 강조하시고 또 강조하신 것이다.

십계명은 세례를 받기 위해 암송하라고 주신 구절이 아니라 평생 복종하며 살라고 주신 명령이다(출20:1-17). 창세기부터 요한계시록에 이르기까지 성경 66권은 하나님의 명령으로 가득 차 있다(창1:28, 2:16-17...계2:5, 22:17). 이스라엘 백성이 날마다 구름 기둥을 따라갔듯이, 성령의 인도하심을 따라 이 명령들에 복종하며 하나님을 따라가는 삶을 살라. 이것이 신앙생활이다. 복종 외에 다른 신앙생활은 없다.

그러나 오늘날 목사들은 **구원이 무엇인지에 관한 설교**는 하지만, **신앙생활이 무엇인지에 관한 설교**는 거의 하지 않는다. 왜 그럴까? 그들 자신조차 하나님께 복종하는 목회, 하나님을 따라가는 신앙생활을 하지 않기 때문이 아닌지 염려가 된다.

지상명령을 온전히 수행하라

예수 그리스도께서 승천하시며 주고 가신 "지상명령"(Great Commission), 곧 "너희는 가서 모든 민족을 제자로 삼으라"는 명령은 두 가지 사역을 통해 성취된다.

첫째 사역은 "아버지와 아들과 성령의 이름으로 세례"를 받게 하는 사역, 곧 죄인들에게 복음을 전해서 **구주로 오신 예수 그리스도**를 믿고 영접하여 **구원**을 받게 하는 사역이다.

> 그러므로 너희는 가서 모든 민족을 제자로 삼아
> 아버지와 아들과 성령의 이름으로 세례를 베풀고
> (마태복음 28장 19절)

둘째 사역은 세례를 받은 신자들에게 예수님께서 명하신 모든 말씀을 가르쳐서 복종하게 하는 사역, 곧 **왕으로 오신 예수 그리스도**께 복종하며 **신앙생활**을 하게 하는 사역이다.

> 내가 너희에게 분부한 모든 것을
> 가르쳐 **지키게 하라**(teaching them **to obey**)...
> (마태복음 28장 20절)

첫째 사역으로 세상 사람들이 예수님을 믿고 세례를 받아 **신자가 되고**, 둘째 사역을 통해 신자들이 그리스도의 말씀에 복종하는 신앙생활을 하며 **제자로 양육된다**. 그러나 요즘 목사들은 대부분 첫째 사역에 집중할 뿐, 둘째 사역을 소홀히 한다. 그래서 오늘날 교회에 "신자"들은 많지만, "제자"들은 드물다. 결과적으로 예수님께서 명하신 지상명령의 성취는 한없이 지체되고 있다.

예수 그리스도의 재림을 정말 사모하는가? 그렇다면 지상명령을 반쪽만 지키지 말고 온전히 수행하라. 첫째 사역으로 먼저 복음을 전하라. 그래서 세상 모든 민족이 세례를 받고 **구원**에 이르도록 하라. 그러나 거기서 멈추지 말고 둘째 사역으로 그들을 가르쳐서 예수님의 모든 말씀에 복종하는 **신앙생활**을 하게 하라. 그래야 비로소 "모든 민족을 제자로 삼으라"는 주님의 지상명령이 성취되어, 그리스도께서 다시 오실 길이 준비될 것이다.

구주이며 동시에 주님이신 예수님

예수님은 우리를 구원하기 위해 구주(Savior 구원자)로 오셨을 뿐 아니라 동시에 우리를 통치하기 위해 주님(Lord 왕)으로 이 땅에 오셨다.

오늘 다윗의 동네에 너희를 위하여
구주가 나셨으니 곧 그리스도 **주**시니라
(누가복음 2장 11절)

그러나 오늘날 많은 사람들이 예수님을 **구주**로는 영접하지만, **주님**으로는 영접하고 싶어 하지 않는다. 구원을 받기 위해 구주로는 영접하지만, 내가 무릎 꿇고 복종해야 할 주님으로는 영접하지 않는다는 말이다. 일단 구원을 받고, 그후에는 자신이 왕이 되어 자기 맘대로 살고 싶어 하기 때문이다.

"예수 우리 왕이여 이곳에 오셔서, 우리가 왕께 드리는 영광을 받아주소서, 우리는 주님의 백성 주님은 우리 왕이라, 왕이신 예수님 오셔서 좌정하사 다스리소서"(찬송가 38장 1절) 입술로는 이렇게 찬송을 드리지만, 실제 삶을 들여다보면 예수님의 통치를 단호하게 거부하고 자신이 왕이 되어 자기 맘대로 살아간다(눅6:46). 그러면서도 전혀 수치를 느끼지 못한다. 겉과 속이 다른, 현대판 바리새인들이다.

오늘날 크리스천들의 신앙생활이 엉망진창인 이유는 바로 여기에 있다. **구원**은 **구주로 오신 예수 그리스도**를 믿음으로 받지만, 그 후 **신앙생활**은 **왕으로 오신 예수 그리스도**의 통치에 복종하는 삶인데, 구원만 받고 왕이신 예수님의 통치를 거부하니 어떻게 신앙생활이 제대로 되겠는가?

목사들도 똑같다. 예수님을 **구주**로는 모시지만, 교회의 머리이신 예수님을 **주님**으로 모시고 목회를 하지는 않는다. 자신이

직접 교회의 머리가 되어 주도권을 쥐고 자기 계획대로 자기 목회를 하고 싶기 때문이다.

오늘날 교회가 무력해져서 세상을 구원하기는커녕 오히려 세상에 의해 세속화 되어가는 이유는 바로 여기에 있다.

그러나 우리 각자에게 예수 그리스도는 구주이시고 동시에 주님이셔야만 한다. 예수님이 나의 구주만 되시고 주님은 되지 않는 것은 불가능하다.

이같이 하면 우리 **주**(Lord)
곧 **구주**(Savior) 예수 그리스도의
영원한 나라에 들어감을 넉넉히 너희에게 주시리라
(베드로후서 1장 11절)

이스라엘에게 회개함과 죄 사함을 주시려고
그를 오른손으로 높이사
임금과 **구주**로 삼으셨느니라
(사도행전 5장 31절)

복종의 본을 보여주신 예수님

아담을 창조하신 후, 하나님께서 그에게 원하신 것은 오직 하나, 복종이었다.

여호와 하나님이 그 사람에게 명하여 이르시되
동산 각종 나무의 열매는 네가 임의로 먹되
선악을 알게 하는 나무의 열매는 먹지 말라...
(창세기 2장 16-17절)

아담은 이 명령에 복종해야 했다. 이것이 그가 하나님의 백성으로 걸어가야 할 그의 신앙생활이었다. 그러나 그는 불순종의 길을 걸었다. 그 결과 죄와 사망이 세상에 들어왔고, 그의 후예로 태어난 우리는 모두 죄인이 되고 사망에 이르게 되었다.

그러므로 한 사람으로 말미암아
죄가 세상에 들어오고 죄로 말미암아 사망이 들어왔나니
이와 같이 모든 사람이 죄를 지었으므로 사망이 모든
사람에게 이르렀느니라
(로마서 5장 12절)

하나님께서는 우리를 구원하기 위해 그의 아들을 "둘째 사람"으로 세상에 보내셨다(고전15:45-47). 불순종의 길을 걸어간 "첫 사람" 아담과 달리, 그는 순종의 길을 걸어가셨다.

한 사람이 순종하지 아니함으로
많은 사람이 죄인 된 것같이
한 사람이 순종하심으로 많은 사람이 의인이 되리라
(로마서 5장 19절)

예수님은 하나님의 아들(요1:1, 14, 18, 34, 49)로 "근본 하나님의 본체"이시지만, 그럼에도 불구하고 그는 십자가에 죽기까지 아버지께 복종하는 길을 걸어가셨다.

그는 근본 하나님의 본체시나
하나님과 동등됨을 취할 것으로 여기지 아니하시고
오히려 자기를 비워 종의 형체를 가지사
사람들과 같이 되셨고
사람의 모양으로 나타나사 자기를 낮추시고
죽기까지 복종하셨으니 곧 십자가에 죽으심이라
(빌립보서 2장 6-8절)

모든 인생 앞에는 두 길이 놓여 있다. 하나는 "첫 사람" 아담이 걸어갔던 불순종의 길이고, 다른 하나는 "둘째 사람" 예수 그리스도께서 걸어가신 순종의 길이다. 나는 지금 어떤 길을 걷고 있는가?

내가 정말 십자가에서 죽기까지 복종의 길을 걸어가신 예수 그리스도를 믿음으로 죄 사함과 구원을 얻었는가? 그렇다면 이제 더 이상 아담을 따라 **불순종의 길**을 걷지 말고, 복종의 본을 보여주신 예수님을 따라 **순종의 길**을 걸어가라. 이것이 신앙생활이다.

문과 길

예수님은 산상수훈에서 "좁은 문"의 비유를 말씀하셨다.

<blockquote>
좁은 **문**으로 들어가라...
생명으로 인도하는 문은 좁고 **길**이 협착하여
찾는 이가 적음이라
(마태복음 7장 13–14절)
</blockquote>

이 비유에서 좁은 **문**은 구원이고, 그 문에서 시작되는 **길**은 신앙생활이다. 다시 말해, **구주로 오신 예수 그리스도**를 믿을 때에 들어가는 **문**이 구원이고, 그 문을 통과한 사람들이 **왕으**

로 오신 예수 그리스도의 통치에 복종하며 천성을 향해 걸어가는 **길**이 신앙생활이다.

그러므로 구주로 오신 예수님을 믿고 영접하여 구원의 문에 들어갔는가? 왕이신 예수님의 통치에 복종하며 그를 따라 신앙의 길을 걸어가라. 구원의 문에 들어오기만 하고, 그 자리에 멈추어 서서 세상을 즐기고 있다면, 지금 바로 하나님 앞에 무릎을 꿇고 회개하라.

세상 사람들은 결코 알 수 없지만, 예수님을 따라 걷는 사람들은 누구나 안다. 예수님께 순종하며 걷는 신앙생활은 천상천하에 가장 **즐겁고 복된 길**이다.

예수 따라가며 복음 순종하면 우리 행할 길 환하겠네
주를 의지하며 순종하는 자를 주가 늘 함께 하시리라
의지하고 순종하는 길은 예수 안에 **즐겁고 복된 길**이로다
(찬송가 449장 1절)

즐겁게 찬송을 부르며 "한 걸음 한 걸음 주 예수와 함께 날마다" 걸어가라(찬송가 430장). 멸망 길에서 벗어나 영생(eternal life)에 이르는 다른 길은 없다.

THAT IS NOT A SERMON

4.
상상 못했던
기도의 정체

4. 상상 못했던 기도의 정체

성령님이 가르쳐주신 세 번째 수업은 기도에 관한 것이었다.

목회를 시작한 나는 처음부터 바빴다. 나는 책임감이 강한 편일 뿐 아니라 남에게 무엇을 부탁하기보다는 내가 해버리는 것이 편한 성격이었기 때문에, 내가 할 수 있는 교회의 일을 모두 혼자 해버렸다. 되돌아보면 참 어리석은 일이었지만, 목회 초기에 나는 설교뿐 아니라, 주보 작성과 복사, 문단속, 화장실 청소까지 전부 내가 했다.

교회가 성장하면서 더 바빠졌다. 어린이와 청년들을 위한 부교역자들은 청빙을 했지만, 장년부의 일은 주일예배 장년 출석이 5백명을 넘을 때까지 모두 나 혼자 했다. 매주 기본적으로 10편의 설교를 준비하여 주일예배, 수요예배, 새벽예배 등 모든 예배를 인도했다. 그 외에 장례 예배, 결혼 예배, 돌 칠순 개업 예배, 성경공부, 심방, 사무행정 그리고 밤에 문단속까지 계속했다.

북치랴 장구치랴 정신없이 목회를 하던 어느 날 난데없이 아내가 어린 두 아들을 데리고 내 사무실을 찾아왔다. 의아해서 아내에게 물었더니, 아이들이 아빠 얼굴을 잊어버릴까봐 데려왔다고 했다. 새벽예배를 인도하기 위해 잠자는 아이들을 보고 나왔다가, 성도들이 다 돌아간 후에 문단속까지 하고 밤에 별을 보며 집에 들어가니, 아이들이 아빠의 얼굴을 못 본지 오래됐을 만도 했다.

기도의 자리에 앉히시다

그런데 하나님께서는 그런 나에게 계속 기도의 부담을 주셨다. 버티는 나의 등을 떠밀어서 기도의 자리에 앉히셨다.

목회 초기에는 새벽 예배가 토요일 하루만 있었다. 그런데 하나님께서는 매일 새벽예배를 드리라는 부담을 자꾸 주셨다. 그래서 아내에게 의논했더니, 이렇게 협박을 했다. "여보, 당신은 그렇지 않아도 잠이 많은 사람인데 어떻게 하려고요? 시작하는 것은 쉽지만, 한번 시작하면 평생 해야 해요." 그런데 나도 모르게 이런 대답이 튀어나왔다. "평생 할 생각은 없어요. 그냥 하루씩만 할 거예요." 그렇게 시작된 새벽예배는 은퇴할 때까지 쉬지 않고 계속되었다.

그러나 하루씩 새벽예배를 드리더라도 힘든 것은 마찬가지였다. 무엇보다 그 시절에 나는 너무 피곤했다. 잠도 모자랐다. 내가 그렇게 지치도록 하나님의 일을 하는데, 하나님은 사정을 봐주지 않으셨다. 새벽예배를 매일 드릴 뿐 아니라, 새벽예배가 끝나면 기도의 자리에 앉아 오랫동안 기도를 하게 하셨다. 당시에 나는 하나님께서 왜 이렇게 기도의 부담을 주시는지 전혀 알지 못했다.

더욱이 기도는 나에게 너무 따분했다. 무엇을 하든 그래도 즐거움이 있어야 하지 않겠는가? 기쁨이 없는데 새벽예배가 끝난 후 한 시간, 두 시간씩 자리에 앉아서 기도를 해보라. 그것도 하루 이틀이지, 어제 드렸던 기도를 오늘 또 드리고, 내일 또 드리고, 하나님께서 내가 드리는 기도 내용을 이미 다 알고 계실텐데, 비슷한 기도 내용을 일년 365일 계속 드려보라. 기도가 지루하니까 기도하는 시간이 너무 견디기 힘들었다.

생산성도 없어 보였다. 그 시간에 설교 준비를 하면 손에 쥘 수 있는 결과물을 얻을텐데, 하다못해 그 시간에 방황하는 성도들에게 전화라도 하면 그래도 무언가 열매를 거둘 수 있을 것 같은데, 하나님께서는 나를 계속 기도의 자리에 앉히셨다. 하루라도 기도의 자리에서 시간을 채우지 않으면, 죄책감으로 견딜 수 없는 마음을 갖게 하셨다.

이유도 모른 채, 나는 그냥 기도의 자리를 지켰다. 지켰다기보다 버텼다. 잠이 모자라다 보니 수없이 많이 졸았다. 어느 날은 졸다가 시계를 보니 아침 8시가 훌쩍 넘어 있었다. 졸면서 기도한 것이 아니라, 앉은 자세로 그냥 푹 잠이 들어버린 것이다. 그런데 기분이 너무 상쾌했다. 어쨌든 아침 기도 시간을 채웠기 때문이다. 기도의 자리에서 해방되는 기쁨이 넘쳤다.

나를 기다리시는 하나님

그렇게 버티며 10년이 넘는 세월을 보냈다.
그러던 어느 날 새벽에 성령께서 벼락 치는 것처럼 한순간에 깨달음을 주셨다. 그것은 바로 **기도 시간마다 하나님께서 나를 기다리신다**는 깨달음이었다.

이 깨달음은 당시 나에게 엄청난 충격을 주었다.

"아! 기도가 그런 것인가요? 우주의 창조자이신 전능하신 하나님께서 새벽마다 나 같이 보잘것없는 미물을 기다리신다는 것이 사실인가요?" 그 사실이 가슴으로 깨달아지니, 어떻게 말로 표현할 수 없을 만큼 기도가 신비롭고 놀라운 실체로 다가왔다.

미국에 오래 살았지만, 나는 아직 미국 대통령이 사는 백악관 건물에 들어가 본 적이 없다. 뜰에도 들어가지 못하고 그냥 철책으로 된 울타리 사이로 구경만 했을 뿐이다. 더욱이 대통령의 집무실에 들어가는 것은 평민인 나로서는 꿈에도 생각지 못할 일이다. 그런데 아무 직책도 없고 권한도 없으면서도 대통령의 집무실을 마음대로 드나드는 사람들이 있다. 바로 대통령의 자녀들이다.

우주 만물을 통치하시는 만왕의 왕 하나님의 집무실은 "지성소"(the Most Holy Place 출25:22, 26:34, 히9:3, 10:19-22)다. 내가 비록 미국 대통령의 집무실에는 들어가지 못하지만, 나는 미국 대통령과 비교할 수 없이 높고 높으신 하나님의 집무실에는 내가 원할 때마다 들어가서 영광의 왕 하나님을 뵙는다. 내가 그분의 자녀이기 때문이다.

깨닫고 보니 그것이 바로 기도였다.

더욱 충격적인 것은 하나님께서 나를 귀찮아하지 않으시고 새벽마다 기도의 자리에서 나를 기다리고 계셨다는 사실이다. 나 같이 비천하고 쓸모없는 미물을.

만왕의 왕 하나님께서 나를 기다리신다는 사실을 깨닫자마자 나의 기도에 근본적인 변화가 일어났다. 기도 시간이 나에게 너무 소중해진 것이다. 나를 기다리시는 하나님을 만나러 가는 시간이 이제는 기다려졌다. 전에는 "내 기도하는 그 시간 그 때가 가장 즐겁다"는 364장 찬송을 부를 때마다 하나님께 너무 죄송했는데, 이제는 어느 정도 편안한 마음으로 부를 수 있게 되었다.

그런데 며칠 지나지 않아 갑자기 허리가 아프기 시작했다. 왜 그런가 했더니, 집히는 것이 있었다. 전에는 새벽마다 침대에서 일어나기 싫어 몇 분간 뒹굴거리다가 마지 못해 일어나곤 했었는데, 이제는 잠에서 깨자마자 침대에서 너무 갑자기 벌떡 벌떡 일어나서 허리에 무리가 온 것 같았다. 그래서 조심스럽게 일어나니 며칠 후 통증이 사라졌다.

아들의 전화를 기다리는 아내

"빈 둥지 증후군"(empty nest syndrome)이란 말이 있다. 내 아내도 두 아들이 대학에 진학하며 집을 떠나자 "빈 둥지 증후군"으로 텅빈 집에서 우울해했다. 날마다 아이들의 전화를 기다렸다. 그러나 이 녀석들은 아들이어서 그런지 엄마에게 도통 전화를 하지 않았다. 딸을 둔 또래 엄마들에게 전화 받은 이야기를 들으면, 아내는 더 우울해했다.

곁에서 지켜보던 내가 안타까워서 어느 날 사무실에서 큰 아이에게 전화를 걸어 "엄마에게 전화 좀 하라"고 부탁을 했다. 그날 집에 들어가니 아내가 싱글벙글이다. 아이에게 전화가 왔다는 것이다.

세월이 흘러 두 아들을 결혼시키고 세 손자를 둔 요즘도 아내는 자녀들의 전화를 기다린다.

솔직하게 말하면, 나도 자녀들을 사랑하지만 아내처럼 그렇게 자녀들의 전화를 기다리지는 않는다. 그래서 생각해보니, 기다림은 사랑과 정비례하는 것 같다. 나보다 아내가 자녀들을 더 많이 사랑하기 때문에 그만큼 더 기다리는 것이다. 그런데 내 아내가 자녀들을 사랑하는 것보다, 비교할 수 없을 만큼 더 많이 우리를 사랑하시는 하나님은 우리의 기도를 얼마나 더 많이 기다리실까?

내 아내가 아이들의 전화를 기다리는 것처럼, 하나님께서는 자녀인 여러분의 기도를 기다리신다. 아들의 목소리를 한 번이라도 더 듣고 싶어하는 내 아내처럼, 하나님께서는 여러분의 목소리를 한 번이라도 더 듣고 싶어하신다. 여러분의 기도 내용을 몰라서가 아니라 기도하러 나오는 여러분을 만나 교제하고 은혜를 베풀고 싶으셔서 여러분을 기다리신다. 하나님의 이런 사랑을 여러분은 얼마나 알고 있는가?

나는 기도의 정체를 몰랐다

나는 어려서부터 매사에 느렸다. 젖도 늦게 떼고 걸음도 늦게 배웠다. 어머니는 내가 혹시 벙어리가 아닌가 걱정할 만큼 말도 늦게 시작했다. 그런데 어머니는 내가 말문이 트이자 바로 주기도문을 암송하게 하셨다. 아무 뜻도 모르고 시작한 철부지의 기도였지만, 나는 그렇게 일찍부터 기도 훈련을 받았다.

　내가 총신신학대학원에 입학하자 어머니께서는 새벽마다 나를 깨우셨다. 나는 옷만 겨우 주섬주섬 챙겨입고 어머니 뒤를 따라가 새벽예배를 드렸다. 어머니 옆에 앉아 설교 시간 내내 졸다가 어머니께서 "얘야 가자" 하시면 엉거주춤 일어나 집에 와서 또 잠을 잤다. 어머니는 새벽에 잠만 자는 한심스러운 신학생인 나에게 이렇게 기도 훈련을 시키셨다.

　평생 기도하며 사시는 어머니 덕분에 나는 어려서부터 그렇게 기도를 배우고 기도 훈련을 받으며 기도의 삶을 살았다. 한국과 미국에서 신학을 공부하는 기간에도 기도생활을 하려고 애썼고, 목회를 하면서는 더 큰 기도의 부담을 가지고 많은 시간을 기도에 쏟았다. 그래서 나는 내가 나름대로 기도에 관하여 잘 안다고 생각하고 있었다. 그런데 그것은 엄청난 착각이었다. 깨닫고 보니 기도는 내가 할 수 없이 감당해야 하는 고역(苦役)이 아니라, 내가 상상조차 하지 못했던 엄청난 특권이요 은총이었다.

기도라는 엄청난 특권

예수님이 가르쳐주신 기도에 의하면,

첫째, 기도는 세상 사람들과는 상관이 없다. 오직 하나님의 자녀들, 곧 **하나님을 아버지라 부를 수 있는 자들에게만** 허락하신 놀라운 특권이다.

그러므로 너희는 이렇게 기도하라
하늘에 계신 **우리 아버지여**...
(마태복음 6장 9절)

둘째, 기도는 하늘과 땅을 연결하는 **하나밖에 없는 통로**이다. 우리는 "땅"에 산다. 그런데 우리 아버지는 "하늘"에 계시다. 그래서 하나님께서는 땅에 있는 그의 자녀들이 하늘에 있는 자신에게 나올 수 있도록 통로를 하나 열어놓으셨는데, 그것이 바로 기도다.

...**하늘**에 계신 우리 아버지여...
뜻이 하늘에서 이루어진 것같이
땅에서도 이루어지이다
(마태복음 6장 9-10절)

그러므로 기도는 땅에 사는 우리가 하늘에 계신 하나님께 나아가고, 하늘에서 이루어진 하나님의 뜻이 우리가 사는 땅에 이루어지도록 하는 신비로운 통로이다.

왜 기도하지 않는가?

전능하신 하나님이 나의 아버지이시라면, 그리고 내가 그분의 사랑 받는 자녀라면, 왜 기도하지 않는가?

고통과 슬픔이 있고 죄와 사망의 권세가 창궐하는 이 땅에 살면서, 땅과 하늘을 잇는 통로는 기도밖에 없는데, 왜 기도하지 않는가?

기도하면 불완전한 내 뜻보다 항상 최선인 하나님의 뜻이 하늘에서 이룬 것 같이 내가 사는 이 땅, 내 삶, 내 가정, 내 교회에서 이루어지는데, 왜 기도하지 않는가?

신자들이 기도를 하지 않는 이유는 기도의 실체를 잘 알지 못하기 때문이다. 하나님의 자녀로서 기도하지 않는 것은 우리가 이 땅에서 범하는 어리석음 중에 가장 큰 어리석음이다.

하나님은 기도를 100% 응답하신다

여러분은 하나님을 "아버지"라고 부르는 하나님의 자녀인가? 정말 그런가? 그렇다면 기도하라. 하나님께서는 자녀인 여러분의 기도를 100% 응답하신다. 그래서 예수님께서는 "구하라 그리하면 너희에게 주실 것이요...**구하는 이마다** 받을 것이라"고 선언하셨다. 악한 너희도 능력이 되는 한, 자녀들의 요청을 100% 들어주는데, "하물며 하늘에 계신 너희 아버지께서" 그의 자녀들의 기도를 100% 들어주지 않으시겠느냐고 묻고 계시다.

구하라 그리하면 너희에게 주실 것이요
찾으라 그리하면 찾아낼 것이요
문을 두드리라 그리하면 너희에게 열릴 것이니
구하는 이마다 받을 것이요 찾는 이는 찾아낼 것이요
두드리는 이에게는 열릴 것이니라
너희 중에 누가 아들이 떡을 달라 하는데 돌을 주며
생선을 달라 하는데 뱀을 줄 사람이 있겠느냐
너희가 악한 자라도 **좋은 것**으로 자식에게 줄 줄 알거든
하물며 하늘에 계신 너희 아버지께서
구하는 자에게 **좋은 것**으로 주시지 않겠느냐
(마태복음 7장 7-11절)

신자들 중에는 하나님께서 자신의 기도를 잘 응답해 주지 않으신다고 생각하는 분들이 많다. 그러나 그것은 대부분 하나님께서 기도를 응답하실 때 내가 **구한 것**보다 나에게 **"좋은 것"**을 주시기 때문에 생기는 오해다(11절). 하나님께서는 내가 떡이나 생선 같은 좋은 것을 구하면 그대로 주시지만, 돌이나 뱀 같은 잘못된 것을 구하면 떡이나 생선 같은 좋은 것으로 바꾸어 주신다. 부모로서 우리도 자녀들에게 그렇게 하지 않는가?

그러나 하나님께서 내가 구한 것이 아니라 좋은 것으로 바꾸어 응답해 주시면, 우리는 대부분 기도 응답을 받지 못했다고 하나님을 오해한다. 또한 내가 "구한 것"에 집착하면서, 하나님께서 주신 "좋은 것"을 싫어하기도 한다. 그러나 세월이 지난 후에 돌이켜보라. **내가 구한 것**보다 **하나님께서 주신 것**이 나에게 더 "좋은 것"이었음을 우리도 바울 사도처럼 뒤늦게나마 깨닫게 될 것이다(고후12:7-9).

그러므로 믿음으로 하나님의 말씀을 붙잡고 기도의 자리로 나아가라. 얍복 강 나루터에서 야곱이 한 것처럼 기도로 승부하라(창32:22-30). 하나님께서 반드시 응답해 주시고 만나주실 것이다. 하나님께서는 그가 하신 약속을 100% 지키신다(민23:19).

너희가 내게 부르짖으며 내게 와서 기도하면

내가 너희들의 기도를 들을 것이요

너희가 온 마음으로 나를 구하면

나를 찾을 것이요 나를 만나리라

(예레미야 29장 12–13절)

하나님께서는 자녀인 여러분이 기도의 자리로 나오기를 오늘도 기다리고 계시다.

THAT IS NOT A SERMON

5.
교회는
집에서 모였다

5. 교회는 집에서 모였다

넷째 과목

성령께서 진행하신 네 번째 수업은 "교회"가 무엇인지에 대한 가르침이었다.

1992년에 목회를 시작할 때 나의 신분은 유학생 비자로 미국에 머무는 유학생이었다. 웨스트민스터 신학교에서 Ph.D 과정(course work)을 마친 후 논문을 쓰기 전에, 학교로부터 목회실습(practical training)을 허락받고 나와 목회를 하고 있었다.

1996년에 들어서면서 연합 과정에 있었던 진통이 끝나고 교

95

회가 드디어 안정과 성장의 길로 들어섰다. 나는 학교에 돌아가고 싶다는 편지를 보냈다. 그리고 학교로부터 돌아오라는 연락을 받았다.

당회에 이제 사임을 하고 학교로 돌아가겠다고 말씀을 드렸다. "그러나 제가 바로 떠나면 교회가 다시 어려워질 수 있으니, 새 담임목사를 청빙하세요. 오실 때까지 기다렸다가 떠나겠습니다. 그렇지만 학교 일정 때문에 늦어도 올 연말까지는 청빙이 끝나야 합니다."

그러나 장로들과 성도들은 내 눈치를 보면서 후임 목사를 청빙하려 하지 않았다. 그러던 어느 주일 아침에 재정을 맡으셨던 연세 드신 집사님이 내 사무실에 들어와서 이렇게 말을 하셨다. "목사님, 가지 마세요. 가시려면 저를 땅에 묻고 가세요." 이 말을 하는 그의 눈에 눈물이 고였다.

그 눈물을 보며 나는 순간적으로 결정을 내렸다. 학자의 길을 포기하고 목회자의 길을 걷기로. 그 후로 지금까지 나는 내가 박사학위를 포기한 것에 대하여 후회한 적이 없다. 하나님의 인도하심으로 믿었기 때문이다.

세미나를 찾아다니다

내가 비록 어려서부터 교회에서 자랐고, 여러 해 동안 조직신학을 전공하며 교회론을 배웠고, 이미 벌써 4년 넘게 한 교회를 목회를 하고 있었지만, 그럼에도 불구하고 "교회란 무엇인가?"를 진지하게 생각한 것은 부끄럽게도 그때가 처음이었다. 이제부터는 내 생애 전체를 걸고 목회를 해야 했기 때문이다.

생사가 걸린 전쟁터에 투입되는 군인처럼, 그때부터 나는 내가 추구해야 할 성경적 교회의 모델을 찾아 나섰다. 그후로 2년간 나는 여러 세미나들을 찾아다녔다. 릭 워렌 목사의 새들백 교회 세미나, 옥한흠 목사의 "평신도를 깨운다" 세미나 등 여러 세미나에 참가했다. 여러 가지 배운 것들이 많았다. 그러나 확신은 들지 않았다.

그러던 중 1998년 초여름 어느 날 산호세에 있는 책방에 들렀다. 눈에 들어오는 책이 있어서 손에 집어 들었다. 그런데 "이것이다"(This is it)는 하나님의 음성이 들렸다. 그 책은 바로 휴스턴 서울침례교회에서 목회하시던 최영기 목사님이 쓴 "구역조직을 가정교회로 바꾸라"는 책이었다.

그러므로 산호세 임마누엘장로교회에서 가정교회를 시작한

것은 담임목사인 내가 주도한 것이 결코 아니다. 하나님께서 교회 모델을 찾는 일을 나에게 맡기셨다면, 나는 아마도 고심 끝에 옥한흠 목사님이 가르쳐주신 제자 훈련하는 교회로 갔을 것이다. 왜냐하면 그는 나에게 총신과 칼빈의 선배였을 뿐 아니라, 사랑의교회는 내가 섬겼던 교회와 같이 장로교회이고, 또한 당시 대표적인 교회의 모델로 부각되며 많은 목사님들이 따라갔기 때문이다.

그런데 하나님께서는 내가 그 책을 읽기도 전에 가정교회가 내가 추구해야 할 성경적 교회의 모델이라고 말씀하셨다. 당시 가정교회는 여러모로 아직 검증되지 않은 교회의 모델이었을 뿐 아니라, 최영기 목사님과 침례교회는 나에게 모두 생소하였다. 그러나 그동안 복종의 훈련을 받은 나는 즉시 하나님의 말씀에 순종하기로 했다.

우선 나는 그 책을 여러 권 구입하여 장로님들에게 한 권씩 나누어드렸다. 그리고 "우리 교회는 이제 가정교회를 합니다"고 선언을 했다. 1998년 9월 말에 휴스턴 서울침례교회에서 열린 "제5차 목회자를 위한 가정교회 세미나"에 등록하고 이수를 했다.

가정교회를 시작하다

세미나에서 돌아온 나는 바로 그날부터 집에 들어가지 않고 교회로 가서 연말까지 3개월간 예배당에서 먹고 자면서, 가정교회를 준비하기 시작했다.

세미나에서 배운 대로, 먼저 구역을 없앴다. 그리고 남녀 선교회도 모두 해체했다. 성도들은 갑자기 교회가 무너지는 것처럼 혼란스러워했고 당황했다. 감사하게도 모든 장로와 성도들이 나를 믿고 따라와 주었다. 그동안 우리 교회를 이끌어오신 하나님의 은혜를 그들도 맛보았고, 그동안 하나님께 복종하는 내 모습을 보면서 믿음의 관계가 형성되었기 때문일 것이다.

그런데 그 당시 산호세에서 가장 크고 훈련이 잘 된 교회가 우리보다 가정교회를 먼저 시작했다가, 우리가 시작할 무렵에 포기하는 일이 일어났다. 장로들과 성도들이 걱정이 되어 나에게 물었다. "그 교회도 포기했는데, 우리 교회가 되겠습니까?" 나는 답했다. "가정교회가 교회 성장의 수단이라면 나는 시작도 하지 않겠습니다. 그러나 가정교회가 하나님께서 기뻐하시는 성경적인 교회의 참 모습이라면, 우리는 교회가 망하더라도 이 길을 가야 합니다."

1998년 11월에 가정교회 1단계 성경공부인 "생명의 삶" 1기를 개설했다. 그리고 1999년 4월에 교회 안에 21개의 가정교회(목장)를 세우면서 공식적으로 가정교회를 시작하여, 내가 2020년 은퇴할 무렵 120여 개의 가정교회로 성장하게 되었다.

성령께서는 이 과정을 통해 "교회"가 무엇인지를 하나 하나 아래와 같이 가르쳐주셨다.

교회는 그리스도의 몸이다

하나님의 아들 예수 그리스도는 성육신(成肉身, incarnation)하여 **몸을 가지고** 이 세상에 오셨다.

> 말씀이 **육신이 되어** 우리 가운데 거하시매...
> (요한복음 1장 14절)

> ...그도 또한 같은 모양으로 **혈과 육을 함께 지니심**은
> 죽음을 통하여 죽음의 세력을 잡은 자
> 곧 마귀를 멸하시며
> (히브리서 2장 14절)

승천하신 후에 예수님은 **두 번째 몸을 취하셨다**. 그것이 바로 교회다.

교회는 그의 몸이니
만물 안에서 만물을 충만하게 하시는 이의 충만함이니라
(에베소서 1장 23절)

공생애 중에 예수님은 성육신하신 몸으로 일하셨다. 그러나 승천하신 후 오늘날은 그의 두 번째 몸인 "교회"를 통해 일하신다. 교회여! 우리는 그리스도의 몸이다. "머리"이신 예수께서 그의 몸인 교회를 통해 일하시도록 주도권을 내어드리라. 내가 주도하여 사람의 일을 하지 말고 예수 그리스도의 통치에 복종하며 하나님의 일에 참여하라.

또 만물을 그의 발 아래에 **복종**하게 하시고
그를 만물 위에 **교회의 머리**로 삼으셨느니라
(에베소서 1장 22절)

교회는 성령으로 태어났다

예수 그리스도는 이 세상에 오실 때 **성령으로 잉태되어** 첫 번째 몸을 갖게 되셨다.

예수 그리스도의 나심은 이러하니라
그의 어머니 마리아가 요셉과 약혼하고 동거하기 전에
성령으로 잉태된 것이 나타났더니
(마태복음 1장 18절)

그리스도의 두 번째 몸인 교회도 **성령으로 이 세상에 태어
났다.**

오순절 날이 이미 이르매
그들이 다같이 한 곳에 모였더니
홀연히 하늘로부터 급하고 강한 바람 같은 소리가 있어
그들이 앉은 온 집에 가득하며
마치 불의 혀처럼 갈라지는 것들이
그들에게 보여 각 사람 위에 하나씩 임하여 있더니
그들이 다 성령의 충만함을 받고
성령이 말하게 하심을 따라
다른 언어들로 말하기를 시작하니라
(사도행전 2장 1-4절)

교회는 집에서 태어났다

만왕의 왕이시지만 예수님은 이 세상에 오실 때에 궁궐이 아니라 평민의 **집** 외양간에서 태어나셨다.

첫아들을 낳아 강보로 싸서 구유에 뉘었으니
이는 여관에 있을 곳이 없음이러라
(누가복음 2장 7절)

승천하신 후에 그리스도의 몸 된 교회도 평민의 **집** 다락방에서 태어났다.

제자들이 감람원이라 하는 산으로부터
예루살렘에 돌아오니...
들어가 **그들이 유하는 다락방**으로 올라가니...
여자들과 예수의 어머니 마리아와
예수의 아우들과 더불어
마음을 같이하여 오로지 기도에 힘쓰더라
(사도행전 1장 12-14절)

오순절 날이 이미 이르매
그들이 다같이 한 곳에 모였더니

홀연히 하늘로부터 급하고 강한 바람 같은 소리가 있어
그들이 앉은 온 **집**에 가득하며
(사도행전 2장 1-2절)

교회는 집에서 모였다

그리스도의 두 번째 몸인 교회는 집에서 태어났을 뿐 아니라 집에서 계속 모였다.

날마다 마음을 같이 하여 성전에 모이기를 힘쓰고
집에서 떡을 떼며 기쁨과 순전한 마음으로 음식을 먹고
하나님을 찬미하며...
(사도행전 2장 46-47절)

스데반 집사의 순교 후 교회에 큰 핍박이 일어났다. 이때 앞장섰던 사울이 교회를 색출해 내기 위해 찾아간 곳은 바로 집들이다. 왜냐하면 교회가 집에 모여 있었기 때문이다.

사울이 교회를 잔멸할새
각 **집**(οἴκους 집들 houses)에 들어가
남녀를 끌어다가 옥에 넘기니라

(사도행전 8장 3절)

야고보 사도가 순교한 후 베드로도 잡혀 옥에 갇혔을 때, **교회**는 집에 모여 기도했다. 그리고 천사가 나타나 베드로를 감옥에서 풀어주었을 때, 그가 찾아간 곳도 바로 **집**이었다. 왜냐하면 교회가 집에 모여 있었기 때문이다.

이에 베드로는 옥에 갇혔고
교회는 그를 위하여 간절히 하나님께 기도하더라
(사도행전 12장 5절)

깨닫고 마가라 하는 **요한의 어머니 마리아의 집**에 가니
여러 사람이 거기에 모여 기도하고 있더라
(사도행전 12장 12절)

"집에 있는 교회"

교회는 이렇게 집에서 태어났고 또 집에서 모였다.
집에서 태어나고 집에서 모인 교회를 성경은 "집에 있는 교회"(롬16:5)라고 부르고 있다.

...아굴라와 브리스가와 그 **집에 있는 교회**가

주 안에서 너희에게 간절히 문안하고

(고린도전서 16장 19절)

...눔바와 그 여자의 **집에 있는 교회**에 문안하고

(골로새서 4장 15절)

...네 **집에 있는 교회**에 편지하노니

(빌레몬 1장 2절)

우리는 "집에 있는 교회"를 줄여서 "가정교회"로 부른다.

교회, 건물 감옥시대에 들어서다

집에서 태어나 집에서 모이던 교회의 이 소중한 전통을 무너뜨리는데 결정적 역할을 한 사람은 로마 황제 콘스탄티누스였다. 그는 주후 313년에 밀라노 칙령을 내려 근 3백년간 지속되던 교회에 대한 핍박을 끝낸 인물이다.

그는 교회를 위하는 마음으로 로마와 콘스탄티노플(현재 이스탄불)과 예루살렘에 예배당 건물을 지어 교회에 봉헌했다.

이를 기점으로 교회는 **집을 떠나 건물로** 들어가게 된다. 그 후로 교회는 건물에 갇히면서 참혹한 감옥시대가 시작된다. 유대 백성의 바벨론 포로시대는 70년 만에 끝났지만, 교회의 건물 포로시대는 천칠백 년이 지난 지금도 진행 중이다.

건물에 들어가면서 교회는 건물의 대형화와 예술화에 집착하게 되고, 탐욕에 사로잡혀 재산을 증식하며 세속화의 길을 걷게 되고, 교황, 추기경, 주교 등 계급을 만들며 조직화가 진행되고, 선교의 열정이 식어지는 등 실로 엄청난 변화를 겪게 된다.

무엇보다도 교회의 예배가 변질되기 시작했다. 대리석으로 장엄하게 지어진 건물, 성화가 그려진 벽과 돔(dome), 온갖 성상(statue), 채색창(stained glass), 어두컴컴한 곳에 촛불들이 타오르는 "웅장한 성전"에서 예배를 드려야만, 경건한 예배, 예배다운 예배를 드리는 것이라는 착각을 불러일으켰다. 이전처럼 "집"에서 드리는 예배는 초라해서 더 이상 예배 같지 않다는 생각이 성도들의 마음에 자리잡기 시작했다.

집에서 태어나서 집에서 예배를 드리던 초대교회의 아름다운 전통이 서서히 무너지고, 교회가 건물이라는 감옥에 갇히는 비참한 시대가 열린 것이다.

오늘날까지도 건물 감옥시대가 만든 예배에 대한 착각은 계속되고 있다. 그래서 재정 능력만 되면 목사들은 어떻게 하든지 대형 건물을 지어 교인들을 끌어모으려고 한다. 웅장한 건물에, 장엄한 규모의 성가대에, 파이프 오르간을 자랑하는 대형 교회들을 보라. 거기서 예배를 드리는 교인들은 대단한 자부심을 갖지만, 그러나 그것은 예배에 대한 착각일 뿐 아니라, 예수님께서 선포하신 예배의 새 시대를 정면으로 거부하는 행위이다.

예배의 새 시대를 선포하신 예수님

어디서 예배를 드려야 옳은지를 묻는 사마리아 여인에게 예수님은 이제 더 이상 산당이 있는 그리심 산에서도 말고, 성전 건물이 있는 예루살렘에서도 예배하지 말라고 말씀하셨다.

우리 조상들은 이 산에서 예배하였는데
당신들의 말은 예배할 곳이
예루살렘에 있다 하더이다

예수께서 이르시되 여자여 내 말을 믿으라
이 산에서도 말고 예루살렘에서도 말고

너희가 아버지께 예배할 때가 이르리라

(요한복음 4장 20-21절)

메시야가 이 세상에 오심으로(요4:25-26) 예배의 새 시대가 도래했기 때문이다.

아버지께 참되게 예배하는 자들은
영과 진리로 예배할 때가 오나니
곧 이때라
아버지께서는 자기에게 이렇게 예배하는 자들을
찾으시느니라

(요한복음 4장 23절)

이제부터는 그리심 산이나 예루살렘 성전에서 드리는 **건물 중심의 예배**에서 벗어나, 어디서든지 **영과 진리로 예배**하는 새로운 시대가 열렸다고 선포하셨다.

크고 웅장한 건축물이 아니라 작은 지하실이나 초라한 집에서라도, 어디서든지 두세 사람이 교회의 머리이신 예수님의 이름으로 모이면, 나도 그들 중에 함께 있겠다고 약속하셨다.

두세 사람이 내 이름으로 모인 곳에는

나도 그들 중에 있느니라

(마태복음 18장 20절)

초대교회는 이 약속을 따라 집에서 모였다. 성경에는 어디에도 건물을 소유한 교회가 등장하지 않는다. 4세기 초까지 교회는 건물을 갖지 않았다. 큰 건물이 없어도, 비록 두세 사람이 모여도, 예수님의 이름으로 모이고 영과 진리로 예배하기만 하면, 약속하신 대로 예수님이 그들 중에 임재하셨고 그들의 예배에는 하늘의 기쁨이 넘쳤다.

유럽교회를 따라가는 한국교회들

그러나 4세기 이후 예수님의 말씀을 거역하면서 건물로 들어간 교회는 건물에 집착하면서 예배가 변질되기 시작했다. 예배가 변질되자 예수님의 임재가 떠났고, 형식만 남은 예배에 기쁨이 사라지자, 성도들은 큰 예배당을 뒤로 남기고 썰물처럼 세상으로 떠나버렸다.

텅 빈 채로 더 이상 쓸모가 없어진 유럽 교회 건물들은 여러 해 전부터 이슬람 모스크로, 식당과 술집으로, 심지어 서커스

연습장으로 수없이 팔려 가고 있다.

　유럽 교회의 이런 현실을 보면서도, 한국 교회는 정신을 차리지 못하고 있다. 여전히 건물과 시설에 의존하여 예배를 드리며, 유럽 교회를 따라가고 있다. 그러나 오래지 않아 한국 교회 건물들이 유럽 교회처럼 정신없이 팔려 갈 날이 쓰나미처럼 곧 닥쳐올 것이다.

　건물의 크기를 자랑하지 말라. **예배는 건물이 결정하지 않는다.** 웅장한 건물에서 예배를 드렸다고 예배다운 예배를 드린 것으로 착각하지 말라. 건물을 통해 드리는 그런 예배는 하나님께서 기뻐하시는 예배가 아니라 여러분이 기뻐하는 예배일 뿐이다.

　작은 개척교회라도 대형교회를 부러워하지 말라. 거대한 건물에서 수많은 사람들이 모여 예배를 드려도 변질된 예배이어서 하나님이 받으시지 않으면, 무슨 의미가 있는가? 헛되고 헛될 뿐이다. 초라한 단칸방에서 두세 사람이라도 부끄러워하지 말고, "영과 진리로 예배"를 드리라. 하나님께서 기쁘게 받으시면, 그것이 진정한 예배이다.

중국에서 가정교회를 회복하시다

성경적 교회의 모델인 "집에 있는 교회"가 무너지고, 교회가 건물 감옥에 갇힌 이 마지막 때에, 가정교회를 다시 일으킨 분은 어떤 목사나 선교사나 신학교수가 아니라 하나님 자신이었다.

1949년에 모택동이 중국 공산혁명에 성공하고 문화대혁명을 일으키면서, 중국 공산당은 교회를 뿌리 뽑으려고 잔혹하게 박해를 가했다. 선교사들이 추방되고, 목사들은 인민재판을 받아 순교하거나 감옥에 갇히고, 예배당 건물들은 차압을 당해 모두 빼앗겼다. 예배의 중심이었던 목사와 건물이 사라지자, 신자들은 흩어질 수밖에 없었다.

중국 공산당 지도자들은 이만하면 중국 교회는 죽어서 그들의 표현대로 박물관에서나 보존할 골동품으로 전락했다고 판단했다.

그러나 하나님께서 진행하신 역사는 전혀 다른 방향으로 흘러갔다. 1979년에 등소평에 의해 죽의 장막이 걷어졌을 때, 전세계가 경악할 엄청난 일이 중국 교회에 벌어졌다. 중국 가정교회 성도들의 간증에 의하면, 1949년 중국 공산혁명이 성공할 당시 중국 교회 신자의 수는 약 70만 명이었다. 그 후로 30년간 이루 말할 수 없을 만큼 잔인한 핍박을 받았는데, 중국 교회는 70만 명에서 7만 명으로 줄어든 것이 아니라, 오히려 7천만 명으로 100배 폭발적인 성장을 한 것이다.

인간의 사고능력으로는 도저히 상상할 수도 없는 놀라운 기적이 일어난 것이다. 근 3백년 동안 로마제국의 지독한 핍박을 받으면서도, 폭발적으로 성장하여 마침내 로마제국을 무릎 꿇게 했던 초대교회의 역사가 재현된 것이다.

어떻게 그렇게 될 수 있었을까? 중요한 사실 중에 하나는 공산당에 의해 예배당 건물을 빼앗겼다는 것이다. 예배당 건물을 빼앗겼을 때 신자들은 교회가 없어지는 줄 알고 절망했겠지만, 하나님께서는 역으로 중국 교회를 건물이라는 감옥에서 탈출하게 하시고, 집에서 모이던 초대교회의 가정교회로 돌아가게 하신 것이다.

공산당으로 인해 환난이 시작되었을 때에 일부 교인들은 더 이상 핍박을 받지 않으려고 교회를 떠나 세상으로 돌아갔다. 그렇지만 어떤 핍박을 받아도 예수님을 포기할 수 없었던 신자들은 예배의 구심점이던 **건물**이 없어지자, 할 수 없이 **집**에서 모이기 시작했다.

그들은 목사도 아니고 선교사도 아니고 그냥 평신도들이었지만, 초대교회 아굴라 브리스길라 부부처럼, 눔바, 빌레몬, 빌립보 성에 루디아(행16:40), 가이사랴에 전도자 빌립 집사처럼(행21:8), **집**에서 예배를 드리고 성도들을 돌보며 복음을 전했다. 하나님께서는 천칠백 년간 잃어버렸던 초대교회의 가정교회 전통을 이렇게 중국 교회의 고난의 역사를 통해 회복하신 것이다.

환난을 이기는 교회는 오직 가정교회다

초대교회와 중국 교회의 공통점을 보라. 이들은 모두 환난을 이긴 교회들이다. 그리고 이 교회들이 환난을 이긴 중심에는 **집**이 있다.

예수 그리스도의 재림 전에 큰 환난이 온다면(마24:21, 계7:13-14), 건물 중심의 교회는 박해를 받아 즉시 무너질 수밖에 없다. 건물은 바로 차압을 당하고 목사들은 순교를 하거나 감옥에 갈 것이기 때문이다.

초대교회 이래 교회 2천년 역사 가운데 환난을 당한 교회들은 모두 집에서 모이는 가정교회로 살아남았다. 중국 교회도 그렇고 북한 지하교회도 그렇고 기독교로 개종을 하면 공개처형을 당하는 이란 등 이슬람권의 교회들도 그렇다.

"집에 있는 교회"로 돌아가야 한다

선택사항이 아니다. 돌아가지 않으면 "건물 중심의 예배"는 필연적으로 변질된다. 그리고 장차 올 환난을 견디지 못하고 무너질 것이다. 그래서 예수님께서는 그리심 산이나 예루살렘의 "건물 중심의 예배"에서 교회를 해방시키신 것이다.

건물이 필요 없다는 말은 아니다. 예루살렘 교회도 성전(정확하게는 성전 뜰)을 모임 장소로 한동안 사용했다. 그렇지만 그들의 예배와 신앙생활의 중심은 집에 있었다.

날마다 마음을 같이하여 **성전**에 모이기를 힘쓰고
집에서 떡을 떼며 기쁨과 순전한 마음으로
음식을 먹고 하나님을 찬미하며...
(사도행전 2장 46-47절)

그러므로 오늘날의 교회도 건물을 소유할 수 있다고 본다. 그러나 초대교회처럼 예배와 신앙생활의 중심은 반드시 집이

어야 한다. 집에서 모이는 가정교회를 교회의 성장 수단으로 전락시키지 말고, 오히려 반대로 **전 교인이 건물에서 함께 모이는 교회**가 **흩어져 집에서 모이는 가정교회**를 섬겨야 한다는 말이다.

예수 그리스도의 재림을 사모하는가? "내가 진실로 속히 오리라"는 주님의 말씀에 정말 "아멘 주 예수여 오시옵소서" 하며 화답하는가? 그렇다면 가정교회로 돌아가라. 건물에 갇힌 교회로는 환난을 이길 수도 없고, 복음에 강력히 저항하는 세력을 넘어 땅끝 모든 민족에게 복음을 전할 수도 없기 때문이다.

건물에 갇힌 교회들이 대형화를 꿈꾸고 변질된 예배에 만족하며 세월을 허송할 때, "집에 있는 교회"로 돌아간 교회들은 "영과 진리로 예배"를 드리고 땅끝까지 복음을 전하며 다시 오실 예수 그리스도의 재림의 길을 준비하는 교회가 될 것이다.

THAT IS NOT A SERMON

6.
그것은
설교가 아니다

6. 그것은 설교가 아니다

성령께서 목회 중인 나에게 가르치신 마지막 수업은 설교에 관한 것이었다.

목회가 시작된 후 가장 큰 고역은 설교였다. 나에게는 설교 본문을 정하는 것부터가 너무 힘들었다. 어떤 때는 토요일 저녁까지 성경 본문을 찾지 못해서, 자정이 다가오는데 주보를 인쇄하지 못하고 쩔쩔매는 날도 여러 번 있었다. 밤은 깊어가고 주일 예배는 시시각각 다가오는데, 설교 본문조차 정하지 못했으니 초조하다 못해 입이 바짝바짝 마른다. 도대체 본문이

먼저 정해져야 설교를 쓰지 않겠는가? 혼자 걸어가야 하는 고독한 설교자의 길을 성도들은 모를 것이다.

본문이 정해져도 설교 내용을 채우는 것이 보통 일이 아니다. 그렇다고 의미 없는 말로 중언부언할 수도 없지 않은가? 마땅한 본문이 정해지면, 설교를 쓰느라 낑낑대며 골머리를 앓는 나날이 한 주 두 주 이어졌다.

그래서 나는 설교 준비에 도움이 될 만한 책들을 사 모으기 시작했다. 내가 그동안 모았던 책들은 신학공부를 위한 책들이었기 때문에, 설교에 도움이 되는 책들은 그리 많지 않았다. 그래서 다급한 마음으로 주석책들을 세트로 사들였다. 유명한 목사님들의 설교집도 구하고, 예화집도 사고, 도움이 될 만한 간증집, 신앙서적들을 닥치는 대로 구입했다. 날마다 신문을 샅샅이 뒤져서 설교에 예화로 쓸만한 기사들을 수집하다 보니 미처 다 정리할 수 없을 만큼 산더미같이 쌓였다.

"지금 네가 하는 것은 설교가 아니다"

그렇게 한 해 두 해 시간이 흘러갔다. 이제는 설교 본문을 정하는 요령도 어느 정도 생기고, 설교 내용을 채우고 전달하는 능력도 제법 늘어갔다.

그러던 어느 날 목회를 시작한지 15년 정도가 지날 무렵 성령께서는 나에게 청천벽력 같은 말씀을 하셨다. "지금 네가 하고 있는 것은 설교가 아니다."

나는 다시 한번 엄청난 충격을 받았다. "지금 내가 이렇게 열심히 하고 있는 이 설교가 설교가 아니라니요? 신학교에서 이렇게 설교를 하도록 배웠고, 세미나에서도 이렇게 가르치는데요. 선배 목사들도 다들 이렇게 설교를 해왔고, 동료 목사들도 다 이렇게 설교를 하고 있는데, 이것이 설교가 아니라니요?"

그러나 하나님은 명확하셨다. "네가 네 맘대로 설교 본문을 정하고 네가 임의로 내용을 채워서 전하는 설교는 설교가 아니라 강연일 뿐이다. 설교란 내가 내 백성에게 전하고 싶은 말을 네가 나에게서 듣고 그대로 대변하는 것이다"고 말씀하셨다.

모든 책을 버리다

이제까지 내가 바쁜 중에도 설교를 내 목회에 가장 중요한 것으로 여기고 설교에 많은 시간을 쏟아왔는데, 내 설교가 설교가 아니었다니 정말 충격 중에 충격이었다. 그러나 그동안 하나님께 복종하는 훈련을 받아온 나는 바로 순종하기로 했다.

유학생 시절에 보물처럼 사 모은 영어 신학 원서들을 박스 30여 개에 넣어 한인 선교사들이 우간다 수도 캄팔라에 세운 개혁신학교에 보냈다. 그리고 책을 사기 위해 거의 매주 틈날 때마다 들렸던 서점에 더 이상 출입을 하지 않았다. 나아가 그동안 설교에 사용하려고 사 모은 책들을 모두 똥처럼 여기며 아예 내 시선에서 제외해 버렸다.

그리고 오직 두 가지, **기도**와 **성경**만으로 설교를 준비하기 시작했다.

신기한 일이 벌어지다

그러자 경험하지 않으면 정말 이해할 수 없는 신기한 일들이 벌어지기 시작했다.

그때까지도 나는 여전히 다음 주일에 전할 설교 본문을 찾으려고 성경 전체를 여기저기 뒤적이곤 했다. 그런데 결단하고 복종을 시작한 날부터 갑자기 설교 본문이 성경 66권 여기저기에서 튀어나오는 것처럼 내게 다가왔다.

그리고 그렇게 주신 설교 본문을 주일 저녁에 읽고 잠이 들면, 신기하게도 월요일 새벽에 잠에서 깨어날 때 그 본문을 통해 전할 메시지를 주셨다. 잠에서 깨어나는 그 순간, 내가 어떤 생각도 하기 전, 백지 같은 내 머리 속에 주일에 전할 설교의 핵심 메시지를 새겨 넣어주셨다.

그 후로 내가 은퇴를 할 때까지 10여 년간 하나님께서는 월요일 새벽마다 그렇게 말씀을 주셨다. 전달자인 내가 시원찮아서 설교에 늘 부족함이 있었지만, 내게 말씀을 주시는 하나님은 언제나 신실하셨다. 한 번도 실수가 없으셨다.

깨자마자 설교할 메시지를 받으면 나는 신나게 차를 몰고 달려가서 새벽예배를 드린 후에, 주일에 전할 설교 요약을 교회 사무실 컴퓨터에 저장되어 있는 주보 파일에 타이핑해 넣었다.

이렇게 기도와 성경만으로 설교를 준비하기 시작한 후, 나는 설교 본문을 정하기 위해 애를 쓴 적도 없고, 어떤 메시지를 전할까 전전긍긍한 적도 없다. 기도하면 매번 하나님께서 본문을 주셨고 그 본문을 통해 전할 메시지를 주셨기 때문이다. 내 아내가 증인이고, 여러 해 동안 나를 곁에서 지켜보았던 당시 부목사들과 성도들이 증인이고, 또한 늘 본문과 메시지를 주셨던 하나님께서 나의 증인이시다.

부목사들에게 가르치다

많은 목사들에게 설교는 고역이고, 나에게도 오랫동안 그랬었다. 그러나 이제 설교는 나의 기쁨이 되었다. 주일 설교뿐 아니라 다른 설교도 늘 차고 넘쳤다.

은퇴를 앞둔 나는 성령 하나님께서 가르쳐주신 설교에 관한 이 소중한 교훈을 당시 나와 동역하던 부목사들에게 전해주고 싶었다. 그래서 토요일 아침 교역자 모임에서 그들에게 "설교란 하나님의 말씀을 받아 전하는 대언이다. 내가 임의로 설교본문을 찾고 내가 내용을 채워 전하는 것은 설교가 아니라 강연이다. 그러므로 책들을 내려놓고 오직 성경만 가지고 하나님께 기도하며 설교를 준비해 보라"고 가르쳤다. 여러 차례 반복하여 가르치고, 실습을 할 수 있도록 주일 예배까지 할애하며 설교할 기회를 많이 주었다.

그러나 내 설명을 들을 때는 알아듣는 것 같은데, 나중에 그들이 설교하는 것을 들어보면 아니었다. 성경만 가지고 설교하는 것이 아니라 여전히 다른 책들을 보면서 자기들이 스스로 준비한 설교를 하는 것 같았다. 이를 통해서 나는 죽이 되든 밥이 되든 믿음으로 하나님께 모든 것을 맡기고 복종하는 것이 쉽지는 않다는 것과 우리의 복종에도 하나님의 은혜가 필요하다는 사실을 알게 되었다.

내가 목회할 당시에 부목사들에게 했던 것처럼, 지금도 설교의 무거운 짐을 지고 애를 쓰는 목사님들에게 성령께서 나에게 가르쳐주신 설교에 관한 교훈을 전해드리고 싶다.

그 교훈을 정리하면 아래와 같다.

설교자는 대변인이다

대변인과 강사의 차이는 무엇인가? 강사는 자기 스스로 내용을 준비하여 "자기 메시지"를 전한다. 그러나 대변인이 그렇게 하면 당장 파면이다.

예를 들어, 대통령의 대변인이 대통령의 대국민 연설을 전하면서, 연설문을 대통령께 받아서 그대로 전달하지 않고, 강사처럼 대통령의 어록을 참고하여 자신이 임의로 작성하여 전한다면 어떻게 될까? 당장 파면이다. 아무리 대통령 어록에서 찾아내어 준비하더라도, 그것은 자기가 준비한 자기 연설이기 때문이다.

오늘날 목사들 중에는 파면당할 목사들이 수없이 많다. 말로는 자신이 하나님의 말씀을 대언한다고 하면서도, 하나님의 대변인이 되어 하나님께 받아 전하지 않고, 스스로 강사가 되어 자신들이 준비한 자기 메시지를 전하기 때문이다.

하나님은 말씀하시는 하나님이시다

창조주 하나님은 "말씀하시는 하나님"이시다. 우리가 말을 할 수 있도록 우리에게 입을 지어주신 하나님이신데, 어찌 그분이 말을 못하시겠는가?

모세가 여호와께 아뢰되
오 주여 나는 본래 말을 잘 하지 못하는 자니이다...
여호와께서 그에게 이르시되
누가 사람의 입을 지었느냐... 나 여호와가 아니냐
이제 가라 내가 네 입과 함께 있어서
할 말을 가르치리라

(출애굽기 4장 10-12절)

그러므로 종교 지도자들처럼 설교하지 말라. 그들이 섬기는 신은 입이 있어도 말을 하지 못하는 죽은 신들이기 때문에, 그들은 대변인이 되고 싶어도 될 수가 없다. 그래서 그들은 스스로 준비하여 자기 메시지를 전할 수밖에 없다.

열국의 우상은 은금이요 사람의 손으로 만든 것이라
입이 있어도 말하지 못하며
눈이 있어도 보지 못하며 귀가 있어도 듣지 못하며
그들의 입에는 아무 호흡도 없나니
(시편 135편 15-17절)

그러나 우리가 섬기는 하나님은 "살아계신 하나님"(삼상17:26, 왕하19:4, 시42:2, 렘10:10, 마16:16, 행14:15, 딤전3:15, 히10:31), 우리에게 입을 지어주신, 우리보다 말을 더 잘하시는 "말씀하시는 하나님"이시다(신4:33).

...이는 여호와의 영광의 형상의 모양이라
내가 보고 엎드려 **말씀하시는 이**의 음성을 들으니라
그가 내게 이르시되 인자야 네 발로 일어서라
내가 네게 말하리라 하시며

그가 내게 말씀하실 때에

그 영이 내게 임하사 나를 일으켜 내 발로 세우시기로

내가 그 **말씀하시는 자**의 소리를 들으니

내게 이르시되

인자야 내가 너를 이스라엘 자손

곧 패역한 백성, 나를 배반하는 자에게 보내노라...

...내가 너를 그들에게 보내노니

너는 그들에게 이르기를

주 여호와의 말씀이 이러하시다 하라

(에스겔 1장 28절 ~ 2장 4절)

이처럼 우리 하나님은 말씀하시는 하나님이신데, 오늘날 목사들은 하나님을 섬긴다고 하면서도, 왜 그의 대변인이 되기를 포기하고, 죽은 우상, 말 못하는 신들을 섬기는 그들을 흉내 내고 있는가?

에스겔 시대와 마찬가지로 오늘날도 하나님께서는 자기 백성에게 전할 말씀이 있으시다. 그래서 그의 말씀을 그의 백성에게 전하기 위해 여러분을 목사로 부르셨다. 그런데 왜 하나님의 말씀을 받아 전달하지 않고, 여러분이 임의로 준비하여 여러분의 메시지를 전하는가?

설교는 대언이다

하나님은 예레미야를 선지자, 곧 당대에 하나님의 말씀을 전하는 설교자로 부르셨다.

여호와의 말씀이 내게 임하니라 이르시되
내가 너를 모태에 짓기 전에 너를 알았고
네가 배에서 나오기 전에 너를 성별하였고
너를 여러 나라의 선지자로 세웠노라 하시기로
(예레미야 1장 4-5절)

부르심을 받은 예레미야는 설교가 무엇인지를 잘 몰랐기 때문에, 자신이 말을 잘 할 줄 모르므로 부르심을 감당하기 어렵다고 말씀을 드렸다.

내가 이르되 슬프도소이다 주 여호와여 보소서
나는 아이라 **말할 줄을 알지 못하나이다** 하니
(예레미야 1장 6절)

그러자 하나님께서는 설교를 오해하고 있는 그에게 설교가 무엇인지를 가르쳐주셨다.

여호와께서 내게 이르시되...

내가 네게 무엇을 명령하든지 너는 말할지니라

(예레미야 1장 7절)

여호와께서 그의 손을 내밀어 내 입에 대시며

여호와께서 내게 이르시되

보라 **내가 내 말을 네 입에 두었노라**

(예레미야 1장 9절)

이처럼 설교란 말을 잘하는 사람이 스스로 준비하여 전하는 것이 아니다. 예레미야처럼 말을 잘 못해도, 하나님께서 나에게 주시는 말씀, 곧 내 입에 넣어주시는 말씀을 그의 백성에게 그대로 전달하기만 하면, 그것이 바로 설교다.

예레미야가 모든 백성에게 그들의 하나님 여호와의 말씀

곧 그들의 하나님 여호와께서 자기를 보내사

그들에게 이르신 이 모든 말씀을 말하기를 마치니

(예레미야 43장 1절)

그러므로 설교를 잘하려고 노력하지 말라. 내 경험에 의하면, 사람들 앞에서 **설교를 잘하려고 하는 나의 욕망**이 내 설교의 최대 장애물이었다. 논리와 지성을 갖추어 설교를 세련되게

잘해서 사람들의 칭찬과 인정을 받으려는 노력은 설교를 변질시키는 지름길이다. 더듬더라도 하나님께서 내게 주신 말씀을 그의 백성에게 정확하게 전달하는 것에 설교의 생명을 걸라.

모세를 통해 보여주신 설교의 3단계

하나님께서 모세를 통해 보여주신 설교를 보면, 설교는 3단계로 구성된다.

설교의 첫 단계는 설교자가 모세처럼 하나님께 나아가서 하나님께서 그의 백성에게 전하기 원하시는 그분의 말씀을 **듣는 것**이다.

모세가 여호와 앞에 **올라가니**
여호와께서 산에서 그를 불러 **말씀하시되**
너는 이같이 야곱의 집에 말하고
이스라엘 자손들에게 말하라
내가 애굽 사람에게 어떻게 행하였음과
내가 어떻게 독수리 날개로 너희를 업어 내게로
인도하였음을
너희가 보았느니라...

너는 이 말을 이스라엘 자손에게 전할지니라

(출애굽기 19장 3-6절)

둘째 단계는 백성을 모아놓고 하나님께서 주신 "모든 말씀"을 그들에게 그대로 **전달하는 것**이다.

모세가 내려와서 백성의 장로들을 불러
여호와께서 자기에게 명령하신
그 모든 말씀을 그들 앞에 진술하니

(출애굽기 19장 7절)

설교의 마지막 단계는 설교를 들은 백성의 반응을 하나님께 **전해드린 후, 다음 말씀을 듣는 것**이다.

백성이 일제히 응답하여 이르되
여호와께서 명령하신 대로 우리가 다 행하리이다
모세가 **백성의 말을 여호와께 전하매**
여호와께서 모세에게 이르시되 내가...

(출애굽기 19장 8-13절)

이것이 설교다.

구약시대에는 하나님께서 모세와 선지자들에게 **직접** 말씀하셨고, 신약시대인 오늘날은, 성경 66권이 정경으로 완성되고 또한 성령을 보혜사로 보내주신 시대이기 때문에, **성경과 성령으로** 말씀하시는 차이만 있을 뿐(요14:26, 15:26, 16:13-14), 설교의 본질은 똑같다. 설교란 선지자나 목사가 스스로 알아서 준비하여 전하는 것이 아니라, 하나님께서 주시는 말씀을 받아서 그의 백성에게 그대로 전달하는 것이다.

에스겔 선지자가 한 것같이, 오늘날 마른 뼈처럼 영적으로 죽어 있는 백성을 향하여 대언하라.

또 내게 이르시되
너는 이 모든 뼈에게 **대언**하여
이르기를 너희 마른 뼈들아
여호와의 말씀을 들을지어다
(에스겔 37장 4절)

이것이 설교다.

인자야 내가 너를 이스라엘 족속의 파수꾼으로
삼음이 이와 같으니라
그런즉 너는 내 입의 말을 듣고 나를 대신하여

그들에게 경고할지어다

(에스겔 33장 7절)

백부장 고넬료처럼 오늘날도 하나님의 백성은 우리의 말이
아니라 하나님께서 주시는 말씀을 듣기 원한다.

내가 곧 당신에게 사람을 보내었는데 오셨으니
잘하였나이다
이제 우리는 **주께서 당신에게 명하신**
모든 것을 듣고자 하여
다 하나님 앞에 있나이다

(사도행전 10장 33절)

내가 준비한 내 말이 아니라 하나님께서 그의 백성에게 주시
는 그분의 말씀을 전하라. 고넬료의 집에서 일어난 것처럼, 구
원의 역사가 놀랍게 일어날 것이다(행10:44-48).

거짓 선지자들의 특징

성경을 보면, 어느 시대에나 참 선지자보다 거짓 선지자들이
더 많았다. 말세가 다가온 오늘날은 이 현상이 더 심각할 것이

다. 예수님께서 마지막 때에 거짓 선지자들이 많이 일어날 것이라고 말씀하셨기 때문이다.

거짓 선지자가 많이 일어나 많은 사람을 미혹하겠으며
(마태복음 24장 11절)

거짓 그리스도들과 거짓 선지자들이 일어나
큰 표적과 기사를 보여
할 수만 있으면 택하신 자들도 미혹하리라
(마태복음 24장 24절)

예수님의 말씀을 믿는다면, 우리는 우리 주변에 지금 많은 거짓 선지자들이 성도들을 미혹하기 위해 활동을 하고 있다는 사실을 인정해야 한다.

미혹 당하지 않으려면, 참 선지자와 거짓 선지자들을 구별할 줄 알아야 한다. 그래서 하나님께서는 그의 백성이 이 둘을 구별할 수 있도록, 거짓 선지자의 특징들을 여러 가지로 말씀해 주셨다.

첫째, 거짓 선지자들에게 공통적으로 나타나는 특징은 겉과 속이 다르다는 것이다. 예수님의 말씀에 의하면, 거짓 선지자들의 겉모습은 "양"이지만, 속은 "노략질하는 이리"다. 그래서 그들의 겉모습만 보면 누구든지 속을 수밖에 없다. 그러므로 예수님께서는 거짓 선지자들을 구별할 때 외모, 학벌 등 그들의 겉모습으로 판단하지 말고, 그들이 삶 속에서 맺는 실제 열매로 분별하라고 그의 양들에게 경고하셨다.

거짓 선지자들을 삼가라
양의 옷을 입고 너희에게 나아오나
속에는 노략질하는 이리라
그들의 열매로 그들을 알지니
가시나무에서 포도를,
또는 엉겅퀴에서 무화과를 따겠느냐
(마태복음 7장 15-16절)

그렇지만 오늘날 대부분의 사람들이 열매로 분별을 하지 않고 겉모습만 보기 때문에, "양의 옷"에 현혹되어 "노략질하는 이리"를 따라가는 성도들이 적지 않다.

둘째, 거짓 선지자들은 하나님보다 사람을 기쁘게 하려고 설교를 하는 특징이 있다. 그러므로 어떤 설교자가 권력자에게 아부하고 백성이 듣고 싶어하는 설교를 주로 한다면, 아합 시대의 400명 선지자처럼, 그는 거짓 선지자일 가능성이 매우 높다.

여호사밧이 또 이스라엘의 왕(아합)에게 이르되
청하건대 먼저 여호와의 말씀이 어떠하신지 물어보소서
이스라엘의 왕이 이에 선지자 사백 명쯤 모으고
그들에게 이르되 내가 길르앗 라못에 가서 싸우랴 말랴
그들이 이르되 올라가소서 주께서
그 성읍을 왕의 손에 넘기시리이다
(열왕기상 22장 5-6절)

참 선지자는 미움을 받아도 권력자나 백성의 비위를 맞추는
설교를 하지 않는다.

여호사밧이 이르되
이 외에 우리가 물을 만한 여호와의 선지자가
여기 있지 아니하니이까
이스라엘의 왕이 여호사밧 왕에게 이르되...
미가야 한 사람이 있으니 그로 말미암아
여호와께 물을 수 있으나
그는 내게 대하여 **길한 일은 예언하지 아니하고**
흉한 일만 예언하기로
내가 그를 미워하나이다...
(열왕기상 22장 7-8절)

이제 내가 사람들에게 좋게 하랴 하나님께 좋게 하랴
사람들에게 기쁨을 구하랴
내가 지금까지 **사람들의 기쁨을 구하였다면**
그리스도의 종이 아니니라
(갈라디아서 1장 10절)

셋째, 어떤 설교자가 하나님의 이름을 사용하면서도 하나님의 말씀을 받아 전달하지 않고 **자기 마음으로 지어낸 설교**를 하면, 그는 거짓 선지자다.

만군의 여호와께서 이와 같이 말씀하시되
너희에게 예언하는 선지자들의 말을 듣지 말라
그들은 너희에게 헛된 것을 가르치나니
그들이 말한 묵시는 **자기 마음으로 말미암은 것**이요
여호와의 입에서 나온 것이 아니니라
(예레미야 23장 16절)

인자야 너는 이스라엘의 예언하는 선지자들에게
경고하여 예언하되
자기 마음대로 예언하는 자에게 말하기를
너희는 여호와의 말씀을 들으라
주 여호와의 말씀에 본 것이 없이

자기 심령을 따라 예언하는

어리석은 선지자에게 화가 있을진저

(에스겔 13장 2-3절)

거짓 선지자들은 "자기 마음대로" 설교를 하기 때문에, 백성이 듣고 싶어 하는 설교를 주로 하게 된다.

항상 그들이 나를 멸시하는 자에게 이르기를
너희가 평안하리라 여호와의 말씀이니라 하며
또 자기 마음이 완악한 대로 행하는
모든 사람에게 이르기를
재앙이 너희에게 임하지 아니하리라 하였느니라
(예레미야 23장 17절)

...그들이 내 백성을 유혹하여
평강이 없으나 평강이 있다 함이라
어떤 사람이 담을 쌓을 때에 그들이 회칠을 하는도다
(에스겔 13장 10절)

그러나 참 선지자는 따돌림과 증오의 대상이 되더라도 하나님께로부터 받은 말씀을 그대로 전달한다.

미가야를 부르러 간 사신이 일러 이르되
선지자들의 말이 하나같이 왕에게 길하게 하니
청하건대 당신의 말도
그들 중 한 사람의 말처럼 길하게 하소서
미가야가 이르되
여호와께서 살아계심을 두고 맹세하노니
여호와께서 내게 말씀하시는 것
곧 그것을 내가 말하리라 하고
(열왕기상 22장 13-14절)

사람들은 거짓 선지자의 설교를 더 좋아한다

과거나 오늘날이나 거짓 선지자들이 이처럼 번성하는 이유는 무엇일까? 그 이유는 성도들이 참 선지자와 거짓 선지자를 구별하지 못하기 때문이기도 하지만, 더 큰 이유는 참 선지자의 설교보다 거짓 선지자들의 설교를 더 좋아하기 때문이다.

이 땅에 무섭고 놀라운 일이 있도다
선지자들은 거짓을 예언하며
제사장들은 자기 권력으로 다스리며
내 백성은 그것을 좋게 여기니

마지막에는 너희가 어찌하려느냐
(예레미야 5장 30-31절)

하나님의 말씀을 들어야 살 수 있음에도 불구하고, 사람들은 아담의 타락 이후 물려받은 죄성을 인하여 하나님의 말씀을 듣기 싫어한다. 하나님께서는 그의 말씀을 듣기 싫어하는 백성에 대하여 이렇게 탄식하셨다.

...보라 여호와의 말씀을 그들이 자신들에게 욕으로 여기고
이를 즐겨 하지 아니하니
(예레미야 6장 10절)

여호와의 말씀이니라...
내가 너희에게 말하되 새벽부터 부지런히 말하여도
듣지 아니하였고
너희를 불러도 대답하지 아니하였느니라
(예레미야 7장 13절)

참 선지자들은 **하나님의 말씀을 받아** 그대로 전달하기 때문에, 죄를 책망하고 심판을 선포하며 회개하라고 외친다. 그래서 듣기 싫어하는 백성들에게 조롱과 모욕을 당한다.

내가 말할 때마다 외치며 파멸과 멸망을 선포하므로
여호와의 말씀으로 말미암아
내가 종일토록 치욕과 모욕거리가 됨이니이다
(예레미야 20장 8절)

그러나 **거짓 선지자**들은 하나님의 말씀을 받아 전하지 않고 **자기 맘대로** 전하고 싶은 설교를 하기 때문에, 죄를 책망하고 심판과 회개를 선포하는 성경의 "핵심 설교"를 외면하고, 교인들이 부담 없이 들을 수 있는 "언저리 설교"와 대중이 즐겨 듣는 지성적인 설교를 한다. 그래서 사람들로부터 사랑과 칭찬을 받는다. 과거에도 그랬고 오늘날도 그렇다.

그러므로 목사들은, 만일 자신이 사람들로부터 욕을 먹지 않고 칭찬을 자주 받고 있다면, 내가 거짓 선지자의 길을 걷고 있지 않은지 자신을 돌아보아야 한다.

모든 사람이 너희를 칭찬하면 화가 있도다
그들의 조상들이 거짓 선지자들에게
이와 같이 하였느니라
(누가복음 6장 26절)

예수님께서는 어느 시대에나 하나님의 말씀을 진실하게 대

언하는 참 선지자들이 백성에게 모욕과 박해를 받는다고 말씀
하셨다.

나로 말미암아 너희를 욕하고 박해하고
거짓으로 너희를 거슬러 모든 악한 말을 할 때에는
너희에게 복이 있나니
기뻐하고 즐거워하라 하늘에서 너희의 상이 큼이라
너희 전에 있던 선지자들도 이같이 박해하였느니라
(마태복음 5장 11-12절)

그러므로 내가 나도 모르게 백성이 듣고 싶어 하는 설교를
주로 하면서 거짓 선지자의 길을 걷고 있다면, 지금 하나님 앞
에서 무릎을 꿇고 회개하라. 모욕과 핍박을 당해도 참 선지자
의 길을 걸어가라. 하늘의 상이 클 것이다.

말세에 나타나는 현상

예수 그리스도의 재림의 날이 다가오면, 사람들이 자기, 돈,
쾌락을 말세의 3대 우상으로 섬기며 하나님보다 더 사랑하게
될 것이라고 경고해 주셨는데, 오늘날이 바로 그렇다.

너는 이것을 알라 말세에 고통하는 때가 이르러
사람들이 **자기**를 사랑하며 **돈**을 사랑하며...
쾌락을 사랑하기를 하나님 사랑하는 것보다 더하며
(디모데후서 3장 1-4절)

오늘날 교인들이 자기, 돈, 쾌락을 하나님보다 더 사랑하기 때문에 **나타나는 현상**이 바로 부담스러운 하나님의 말씀을 듣기 싫어하고 오히려 거짓 선지자들의 "허탄한 설교"를 즐겨 듣는 것이다.

때가 이르리니 사람이 **바른 교훈을 받지 아니하고**
귀가 가려워서 자기의 사욕을 따를 스승을 많이 두고
또 그 귀를 진리에서 돌이켜
허탄한 이야기를 따르리라
(디모데후서 4장 3-4절)

예수 그리스도의 핏값으로 구속받은 성도(계5:9, 행20:28)라면, 어린아이가 편식을 하듯이 내가 "허탄한 설교"를 즐기고 있지 않은지 자신을 돌아보라. 만일 그렇다면 지금 하나님 앞에서 무릎을 꿇고 회개하라.

"외치는 자 많건마는"

오늘날 세상에는 온갖 언론들이 쏟아내는 가짜 뉴스들이 범람하고 있다. 마찬가지로 교회 안에는 거짓 선지자들이 쏟아내는 가짜 설교가 홍수를 이루고 있다. "홍수에 마실 물 없다"는 옛말처럼, 설교가 온 세상에 차고 넘치는데 생명의 말씀은 바짝 말라버린 기근의 시대를 우리는 살아가고 있다.

주 여호와의 말씀이니라
보라 날이 이를지라 내가 기근을 땅에 보내리니
양식이 없어 주림이 아니며 물이 없어 갈함이 아니요
여호와의 말씀을 듣지 못한 기갈이라
사람이 이 바다에서 저 바다까지,
북쪽에서 동쪽까지 비틀거리며
여호와의 말씀을 구하려고 돌아다녀도 얻지 못하리니
그날에 아름다운 처녀와 젊은 남자가
다 갈하여 쓰러지리라
(아모스 8장 11-12절)

하나님의 입에서 나온 말씀만이 우리를 살리는 생명의 양식이다(벧전1:23-25). 인간이 만들어낸 설교는 아무리 지성적이고 감동적이어도 영혼을 살릴 수 없는 가짜 양식에 불과하다. 그

147

러나 많은 목사들이 자기도 모르게 거짓 선지자가 되어, 하나님의 말씀을 받아 전달하지 않고, 자신들이 만들어낸 가짜 꼴을 하나님의 양떼에게 먹이고 있다. 수많은 교인들이 **양식이 아닌 것**을 분별없이 받아먹으며 죽어가고 있다.

너희가 어찌하여 **양식이 아닌 것**을 위하여 은을 달아주며
배부르게 하지 못할 것을 위하여 수고하느냐...

너희는 귀를 기울이고 **내게로 나아와 들으라**
그리하면 너희의 **영혼이 살리라...**
(이사야 55장 2-3절)

어두워진 이 마지막 때, 외치는 자는 많건마는 생명수는 말라버린 이 시대에, 교회의 머리이신 예수님은 "때를 따라" 생명의 양식을 그의 양들에게 나눠 줄 선한 일꾼을 찾고 계시다(마 24:44-45).

눈을 들어 하늘 보라 어두워진 세상 중에
외치는 자 많건마는 생명수는 말랐어라
죄를 대속하신 주님 선한 일꾼 찾으시니
대답할 이 어디 있나 믿는 자여 어이할꼬
(찬송가 515장 2절)

148

"너는 말씀을 전파하라"

이러한 시대를 미리 바라보며, 순교를 앞둔 노종 사도 바울은 에베소 교회에서 목회를 하던 믿음의 아들 디모데에게 "너는 말씀을 전파하라"는 유언을 남겼다. 이것은, 하나님 앞과 산 자와 죽은 자를 심판하실 그리스도 예수 앞에서 그의 재림과 그의 나라를 두고 명한, **창조 이래 가장 강하고 준엄한 명령**이다.

하나님 앞과
살아있는 자와 죽은 자를 심판하실 그리스도 예수 앞에서
그가 나타나실 것과 그의 나라를 두고
엄히 명하노니
너는 말씀을 전파하라...
(디모데후서 4장 1-2절)

예수 그리스도의 재림의 날이 다가오고 있다. 디모데처럼 한 교회를 목회하며 설교를 하는 자들은 더 이상 인간의 지성에 기초한 허탄한 설교를 하지 말고, 모두 예외 없이 "너는 말씀을 전파하라"는 이 준엄한 명령에 즉시 복종해야 한다.

설교를 할 때, 성경에 **기록된 말씀 밖으로 넘어가지 말라**.

...기록된 말씀 밖으로 넘어가지 말라...
(고린도전서 4장 6절)

하나님의 말씀에 자신의 의견을 **더하지 말라**.

하나님의 말씀은 다 순전하며...
너는 그의 말씀에 더하지 말라
그가 너를 책망하시겠고
너는 거짓말하는 자가 될까 두려우니라
(잠언 30장 5-6절)

그리고 하나님의 대변인이 되어서 주시는 모든 말씀을 그대로 전하고 **감하지 말라**.

여호와께서 이와 같이 말씀하시니라
너는 여호와의 성전 뜰에 서서...
여호와의 성전에 와서 예배하는 자에게
내가 네게 명령하여 이르게 한
모든 말을 전하되
한마디도 **감하지 말라**.
(예레미야 26장 2절)

예수님께서는 최후의 심판 날에 그의 이름으로 설교를 하고 그의 이름으로 사역을 했던 많은 목사와 설교자들이 심판을 받아 지옥에 갈 것을 경고하셨다.

그날에 많은 사람이 나더러 이르되
주여 주여 우리가 주의 이름으로 선지자 노릇을 하며
주의 이름으로 귀신을 쫓아내며
주의 이름으로 많은 권능을
행하지 아니하였나이까 하리니
그때에 내가 그들에게 밝히 말하되
내가 너희를 도무지 알지 못하니
불법을 행하는 자들아 내게서 떠나가라 하리라
(마태복음 7장 22-23절)

하나님의 말씀을 전하는 설교자의 소명만큼 더 영광스러운 소명은 이 세상에 없다. 그러나 그만큼 **더 큰 심판**을 받게 된다.

내 형제들아
너희는 선생된 우리가 **더 큰 심판**을 받을 줄 알고
선생이 많이 되지 말라
(야고보서 3장 1절)

그러므로 앞으로는 설교 본문을 스스로 찾고 임의로 내용을 채워서 설교하기를 포기하라. 그것은 설교가 아니라 강연이다. 말씀하시는 하나님, 나보다 말을 더 잘하시는 살아계신 하나님을 이제는 더 이상 말 못하는 우상, 죽은 신으로 취급하지 말라.

지성적인 설교는 사람들에게 감동을 주고 칭찬을 얻을 수 있지만, 죽은 영혼들을 살릴 수는 없다. 이제부터는 하나님께로부터 말씀을 받아 전하라. 여기저기서 주워 모으고 이 책 저 책에서 뽑아낸 **지식을 전하지 말고**, 성경을 읽고 기도를 할 때 하나님께서 주시는 **메시지를 선포하라.**

믿음으로 복종하기만 하면, 여러분에게 설교의 새로운 세계가 열릴 것이다.
하나님은 실수가 없으시다.

THAT IS NOT A SERMON

7.
은퇴는
졸업시험이었다

7. 은퇴는 졸업시험이었다

은퇴를 하다

1992년 3월에 목회를 시작한 나는 28년이 지난 2020년 10월에 65세로 은퇴를 했다.

목회 기간 내내 성령님께 배우는 학생이었으므로, 은퇴는 나에게 졸업시험이었다.

은퇴를 일년 정도 앞둔 어느 날 새벽에 하나님께서 말씀하셨다. "이 교회에 처음 부임할 때 네가 빈손으로 온 것처럼, 너는 교회에 아무것도 요구하지 말고 빈손으로 떠나라."

나는 그 말씀의 의미를 알았다. 원로목사도 포기하고 그에 따르는 사례도 포기하라는 말씀이었다. 모든 것을 내려놓고 아무런 미련도 남기지 말고 조용히 떠나라는 말씀이셨다.

나는 조금 서운했다. 많은 것을 요구하지는 않아도, 교단 헌법이 한 교회에서 20년 이상 근속한 담임목사에게 허락하는 원로목사직과 그에 따라 평생 지급되는 어느 정도의 경제적 도움은 내심 바랐기 때문이다.

산호세 임마누엘장로교회는 내가 담임목회를 한 첫 교회이자 마지막 교회로 나에게는 이 교회밖에 없고, 내 생애를 이 교회를 위해 바쳤는데, 그리고 작았던 교회가 이렇게 아름답게 성장했는데, 죄인이 도망치듯 떠나는 것이 이해가 되지 않았다. 그러나 하나님은 단호하셨다.

복종하다

지금까지 훈련을 받아온 나는 기쁜 마음으로 하나님께 복종하기로 했다. 목회할 때처럼 은퇴 후 남은 생애도 하나님께 믿음으로 맡기고 즐겁게 떠나기로 했다. 그동안 성령님께 교육을 받아온 나는 알고 있었다. 오직 복종만이 교회와 내 노후를 복되게 하는 최선의 길이라는 사실을.

그뿐 아니라 그동안 성령님께 배운 대로, 교회도 내 교회가 아니라 하나님의 교회였고, 교인들도 내 양이 아니라 하나님의 양이었다. 교회가 크게 성장했지만, 목회도 내가 한 것이 아니라 하나님께서 하신 것이었다.

그리고 지난 시간들을 돌아보면, 하나님께로부터는 말할 것도 없고, 성도들로부터도 내가 섬긴 것보다 훨씬 더 많은 사랑과 은혜를 이미 넘치게 받아왔다.

하나님께서 내게 주신 말씀을 아내에게 전했다. 그리고 마음을 정리한 후에 시무 장로 전원에게 원로목사직을 포기한다는 이메일을 보냈다. 그런 후에 후임 목사님이 목회 실습을 할 수 있도록 교회와 당회를 맡기고 2020년 5월에 한국에 와서 4개월을 지내다가 은퇴예배를 드리기 위해 9월에 미국으로 돌아갔다.

9월 어느 날 선임장로님이 내 사무실로 찾아와서, 원로목사직에 대해서는 아무 말 없이, 당회 전원이 찬성하여 담임목사 정년 은퇴사례로 얼마를 드리기로 결정했으니 받아달라고 했다. 원로목사직에 대한 아무 언급이 없는 것을 보면, 아마도 장로들 대부분이 내가 원로목사직을 포기한 것을 좋게 받아드린 것 같다.

은퇴사례에 대해서도 빈손으로 떠나라고 하신 하나님의 말씀을 전하며 거절을 했다. 그러자 며칠 후 다시 찾아와서 목사님이 은퇴사례를 받지 않으면 자신들이 성도들을 볼 면목이 없다며 받을 것을 간곡히 요청했다. 세 번째로 찾아와서는 은퇴사례가 적어서 그렇다면 증액을 해드릴 터이니 받아달라고 했다. 그래도 거절했더니, 사모님은 생각이 다를 수 있으니 사모님과 의논을 해도 되겠냐고 물었다.

하나님은 아내에게도 말씀하셨다

아내는 나보다 교회에 대한 애착이 더 강했다. 교회 없는 자신을 생각할 수 없을 만큼 교회를 마음에 품고 살았다.

그런데 하나님께서는 내가 아내를 설득할 필요가 없도록 아내에게도 말씀을 해주셨다. 어느 날 집에 들어갔더니, 아내가 하나님께서 자기에게도 말씀하셨다며 눈물을 글썽였다. "임마누엘장로교회는 너희 교회가 아니라 내 교회이고, 성도들도 너희 양이 아니라 내 양이다. 너희가 없어도 이 교회는 잘 될 것이다. 그러니 아무 염려하지 말고 떠나라"고 말씀하셨다고 한다.

아내의 말을 그대로 옮기면, 하나님께서 그렇게 말씀하셨을 때 "아, 내 교회도 아니고 내 양도 아니었구나" 하는 생각이 들며, 교회에 대한 미련이 순간에 싹 사라졌다고 한다. 한편으로 하나님의 말씀이 너무 서운하기는 했지만, 다른 한편으로는 교회를 우리보다 더 든든한 하나님의 손에 맡기고 떠날 수 있어서 평안했다고 한다.

그날부터 아내는 결코 떠날 수 없을 것 같았던 교회를 마음에서 비우기 시작했다. 여성 사역, 새 가족 사역, 꽃꽂이 등 그동안 해왔던 사역들을 내려놓고 사모의 자리에서 물러났다.

우리 부부는 하나님께서 원로목사직과 그에 따르는 사례를 포기하고 교회를 떠나라고 말씀하셨기 때문에 그렇게 떠났다. 그렇지만 은퇴하는 모든 목사님들이 우리처럼 원로목사직과 사례를 포기할 필요는 없다고 본다. **각각 부르심을 받은 그대로** 하나님께 복종하면 되기 때문이다.

> 형제들아 너희는 **각각 부르심을 받은 그대로**
> 하나님과 함께 거하라
> (고린도전서 7장 24절)

내 모든 흔적이 지워졌다

그렇게 떠났기 때문에, 은퇴 후 곧바로 산호세 임마누엘장로 교회에서 내 흔적은 모두 지워졌다. 주일 예배 주보에도, 교회 인터넷 홈페이지에도, 예배당 건물에도 내 이름과 흔적은 남아 있지 않다.

그러나 나는 행복하다. 내가 목회할 때도 임마누엘장로교회 는 내 교회가 아니라 하나님의 교회였고, 내가 떠난 지금도 여 전히 하나님의 교회이다. 나는 잠시 종으로 섬겼을 뿐, 하나님 께서 현재도 목회를 계속하고 계시기 때문에, 복종하며 하나님 을 따라가기만 하면, 임마누엘장로교회는 예수님께서 다시 오 실 때까지 사명을 감당하며 계속 아름답게 부흥할 것이다.

THAT IS NOT A SERMON

8.
내 양은
내 음성을 듣는다

8. 내 양은 내 음성을 듣는다

은퇴 후에 주신 말씀

모든 사람에게 그렇듯이 은퇴는 나에게도 새로운 시작이었다.

하나님께서는 은퇴하는 나에게 요한복음 10장 27절의 말씀을 주셨다.

내 양은 내 음성을 **들으며**

나는 그들을 **알며**

그들은 나를 **따르느니라**

My sheep **listen** to my voice,

I **know** them,
and they **follow** me.

이 말씀을 묵상하면서 보니, 지난 목회 28년간 성령께서 가르쳐주신 다섯 가지 교훈이 모두 여기에 담겨 있었다. 내가 배운 목회, 신앙생활, 기도, 교회, 설교의 핵심은 모두 "선한 목자"이신 예수님의 음성을 그의 양인 내가 듣고(listen), 나를 나보다 더 잘 아시는(know) 예수님을, 내가 믿음으로 따라가는 (follow) 것이기 때문이다.

"내 양은 내 음성을 듣는다"

예수님은 "내 양은 내 음성을 듣는다"고 말씀하셨다.

내 양은 내 음성을 들으며
나는 그들을 알며
그들은 나를 따르느니라
(요한복음 10장 27절)

오늘도 나는 이 말씀을 묵상하며 나에게 묻는다. 예수님의 음성을 듣고 있는가? 내가 예수님의 양이라면, 나는 예수님의 음성을 들어야 한다.

여러분은 어떠한가? 예수님의 음성을 들어본 적이 있는가? 어떤 말씀을 어떻게 들었는가? 만일 예수님의 음성을 들은 적이 없다면, 여러분은 예수님의 양이 아닐 가능성이 높다. 예수님께서 그분의 입으로 "내 양은 내 음성을 듣는다"고 말씀하셨기 때문이다.

요한복음 10장 27절에서 예수님은 자기 양에 관하여 말씀하셨고, 바로 앞 절 26절에서는 자기 양이 아닌 자들에 관하여 말씀하셨다. 말씀에 의하면, 예수님의 양이 아닌 사람들은 예수님을 믿지 않는다.

너희가 내 양이 아니므로 믿지 아니하는도다
(요한복음 10장 26절)

예수님의 양이 아닌 자들이 예수님을 믿지 않기 때문에, 그들에게 나타나는 두드러진 현상은 예수님의 음성을 듣지 않는 것이다. 반면에 예수님께 속한 양들의 두드러진 속성은 예수님의 음성을 듣는 것이다.

예수님께서는 그의 양들이 **자기 음성을 안다**고 말씀하셨다.

169

...양은 그의 음성을 듣나니

그가 자기 양의 이름을 각각 불러 인도하여 내느니라

자기 양을 다 내놓은 후에 앞서 가면

양들이 **그의 음성을 아는 고로** 따라오되

타인의 음성을 알지 못하는 고로 타인을 따르지

아니하고...

(요한복음 10장 3-5절)

다시 말하면, 예수님의 양들은 **예수님의 음성**과 **타인의 음성**을 구별하여 들을 수 있는 능력이 있다는 말씀이다. 세상을 살다 보면 사방에서 수많은 음성들이 들려오는데, 어떻게 그런 능력을 갖게 될까? 내 경험에 비추어 보면, 양들이 목자를 따라다니며 자기 목자의 음성을 알게 되듯이, 나를 불러내시고 앞서가시는 예수님의 음성을 자주 듣다 보면 자연히 얻게 되는 능력이다.

오늘날도 이스라엘에 가면 여러 목자들의 양떼가 섞여 있는 것을 볼 수 있다. 그런데 어떤 목자가 자기 양떼를 부르면, 정확하게 그의 양들이 자기 목자의 음성을 알아듣고 따라간다. 이처럼 우리도 예수님을 모시고 살다 보면 예수님의 음성을 구별하여 알아듣게 된다.

예수님은 오늘날 그의 양들에게 **성경과 성령으로** 말씀하신다(요16:13-14). 성경에 치우치면 차가운 지성주의(intellectualism)의 함정에 빠지고, 성령에 치우치면 과격한 신비주의(mysticism)의 늪에 빠지기 쉽다. 그러므로 예수님의 양이라면, 성경을 읽고 동시에 "성령으로 기도하며"(유1:20), 목자이신 예수님의 음성에 귀를 기울여보라. 점차 예수님의 음성을 구별하여 아는 일에 익숙해질 것이다.

"성령 안에서 기도"(엡6:18)하고 성경을 읽으면서 예수님을 따라가다 보면, 언젠가 "아 이것이 예수님의 음성이었군요" 하고 고백하게 되는 날이 올 것이다.

"나는 내 양을 안다"

이어서 예수님은 그의 양들을 그가 아신다고 말씀하셨다.

내 양은 내 음성을 들으며
나는 그들을 알며
그들은 나를 따르느니라
(요한복음 10장 27절)

예수님은 나 자신보다 나를 더 잘 아시는 분이다. 전지전능하신 하나님이시기 때문이기도 하지만, 또한 나를 깊이 사랑하시는 분이기 때문이다.

그렇기 때문에 우리는 배신이 횡행하는 고독한 세상을 살면서도 외롭지 않다. 나의 흉도, 허물도 아시고, 내가 저지른 죄악도, 연약함도 모두 아시지만, 나를 "결코 내쫓지 아니하"시고(요6:37) 나를 "사랑하시되 끝까지 사랑하시"는 예수님이 나와 함께 계시기 때문이다(요13:1).

사랑은 관심이다. 하나님은 다윗을 사랑하셨기 때문에 항상 다윗을 바라보고 계셨다. 그래서 다윗의 모든 것을 알고 계셨고 그의 생각조차도 알고 계셨다.

여호와여 주께서 나를 살펴보셨으므로
나를 아시나이다
주께서 내가 앉고 일어섬을 아시고
멀리서도 나의 생각을 밝히 아시오며
나의 모든 길과 내가 눕는 것을 살펴보셨으므로
나의 모든 행위를 익히 아시오니
(시편 139편 1-3절)

그와 같이 예수님은 사랑의 눈으로 늘 나를 바라보고 계시다. 그러므로 몸이 병들고 마음이 아플 때도 외로워하지 말라. 나의 모든 형편을 지켜보시는 예수님이 내 곁에 계시다. 궁핍할 때도, 친구들이 비난하고 떠날 때도, 실패와 좌절의 눈물을 흘릴 때도, 더 이상 고독의 늪에서 허우적거리지 말라. 온 천하에 나 하나밖에 없는 것처럼 나를 사랑하시는 예수님이 나와 함께 계시다.

30여 년 전 철없는 젊은 목사로 목회를 하러 홀로 길을 떠날 때도 외롭지 않았다. 나이가 들어 은퇴한 지금, 섬기던 교회를 떠나 홀로 살아가도 외롭지 않다. 나의 모든 형편을 아시는 예수님께서 내 곁에 늘 계시기 때문이다.

...볼지어다 내가 세상 끝날까지 너희와 항상 함께
있으리라 하시니라
(마태복음 28장 20절)

"내 양은 나를 따른다"

내 양은 내 음성을 들으며
나는 그들을 알며

173

그들은 나를 따르느니라

(요한복음 10장 27절)

예수님께 속한 양의 궁극적인 모습은 예수님을 따르는 것이다.

양에게 필요한 물과 풀이 어디에 있는지를 양보다 목자가 더 잘 알듯이(시23:1-2), "선한 목자"이신 예수님께서는 내가 가야 하는 길을 나보다 더 잘 아신다(요10:14). 그러므로 양인 우리는 목자이신 예수님을 따라가야 한다. 이것이 바로 성도들의 신앙생활이다.

요한복음 10장 27절을 묵상하며 나는 "예수님을 앞서지 말라"는 표어를 만들었다. 예수님을 앞서지 말자. 예수님께 속한 양들은 예수님을 앞서지 않는다. 예수님이 앞서 가시면, 그의 양은 그의 음성을 듣고 그를 따라간다.

자기 양을 다 내놓은 후에 **앞서 가면**
양들이 그의 음성을 아는 고로 **따라오되**
(요한복음 10장 4절)

나는 지금 예수님의 음성을 듣고 예수님을 따라가고 있는가? 예수님을 따라가지 않고, 나 스스로 길을 개척해 나가고 있다면, 나는 예수님의 양이 아니다. 내 말이 아니라 예수님께서 "내 양은...나를 따르느니라"고 말씀하셨기 때문이다.

목회도 똑같다. 목회란 목사인 내가 예수님의 음성을 듣고 내게 맡겨주신 양떼와 함께 예수님을 따라가는 것이다. 이것이 목회의 전부다. 의욕이 넘쳐서 예수님을 앞서지 말라. 예수님을 제치고 내가 앞장서서 목회를 주도하면, 나도 망하고 나를 따르는 양떼도 망한다.

은퇴한 후 나의 삶에는 많은 변화가 있지만, 나의 신앙생활은 목회할 당시와 똑같다. 오늘도 성경을 읽고 기도하면서 예수님의 음성을 듣고, 나의 갈 길을 나보다 더 잘 아시는 예수님을 따라 믿음으로 오늘을 산다.

나는 예수님을 따르는 삶이 좋다

은퇴한 후에 나는 한국에 나와 경기도 부천에 살고 있다. 나를 아는 분들이 "왜 하필 부천에서 살게 되셨나요?" 간혹 묻는다. 별다른 이유는 없다. 예수님께서 왕도(王都)인 예루살렘이 아니라 서민들이 사는 갈릴리에서 사셨기 때문에, 나도 서민들

175

이 살아가는 부천이 그냥 좋다.

 예수님은 공생애를 시작하기 전에 목수라는 서민의 직업을 가지고 서민들과 함께 평민의 삶을 사셨다.

이 사람이 마리아의 아들 목수가 아니냐...
(마가복음 6장 3절)

 나도 가난한 가정에서 자라 평범한 생애를 살아왔으므로 평범하게 살아가는 서민들이 좋다.

 아내와 함께 종종 재래시장에 나간다. 살 물건이 있어서 나가기도 하지만 산책 삼아 나가기도 한다. 서민들이 먹고 살 작은 물건들을 사고팔며 서로 어울려 살아가는 모습을 바라보는 것이 즐겁기 때문이다.

 나는 외출을 할 때마다 전철 1호선을 이용한다. 전철 안에는 서민들로 가득 차 있다. 나는 이들과 함께 전철을 타고 다니는 것이 즐겁다. 전철을 타는 청년들을 본다. 서울 강남에 가면 명품을 걸치고 외제 차를 모는 세련된 청년들도 있지만, 나는 낡은 운동화를 신고도 부끄럼 없이 열심히 살아가는 평범한 청년들이 좋다.

나는 서민들이 모두 복음을 듣고 예수님을 만나 구원을 얻으면 좋겠다. 그래서 그들이 모두 예수님의 양으로 거듭나서 예수님의 음성을 듣고 예수님을 따르는 행복한 삶을 살게 되기를 기도한다.

나는 평신도가 좋다

목회를 시작할 때 나는 선배 목사님들을 통해 "교인들을 멀리할 수는 없지만, 가까이하지도 말라"는 조언을 들었다. 나의 흉허물을 알게 되면, 언젠가 그들이 나를 교회에서 쫓아내는데 앞장서게 된다는 충고였다. 그래서 목사들은 목사들과 자주 어울린다. 운동을 해도 목사들과 같이 하고 식사를 해도 목사들과 함께 한다.

그렇지만 예수님께서 우리에게 "내가 너희를 사랑한 것 같이 너희도 서로 사랑하라"(요13:34)고 말씀하셨는데, 적당히 거리를 둔다면 어떻게 서로 사랑을 할 수 있는가? 그래서 나는 목회 초기부터 선배 목사님들의 충고보다 예수님의 명령에 따라, 흉이 잡히더라도 교인들과 교제하는 길을 택했다. 목회 중에 틈이 나면 목사들보다 성도들과 함께 테니스나 탁구도 치고 바둑도 두고 산과 해변으로 가족여행도 다녔다.

교회 안에 내 사무실을 교인들이 잘 볼 수 있도록, 교인들이 가장 많이 오가는 길목에 정했다. 그리고 내가 사무실에 있을 때는 문을 언제나 열어놓았다. 열린 문으로 성도들이 항상 나를 볼 수 있도록, 그리고 편하게 인사를 하거나 들어와서 대화를 할 수 있도록 늘 그렇게 했다.

돌아보면, 이것들은 앞서가시는 예수님의 음성을 듣고 예수님을 따라가는 나의 작은 순종들이었다. 예수님께서 제사장이나 서기관, 바리새인들보다 어부 출신의 평범한 사람들과 함께 지내셨던 것처럼, 나도 예수님을 따라 평신도들과 함께 나의 삶을 보냈다.

이제 나는 목회에서 은퇴하여 평신도의 삶으로 돌아왔다.
베풀어주신 은혜와 사랑에 감사하며, 오늘도 예수님의 말씀을 묵상한다.

내 양은 내 음성을 들으며
나는 그들을 알며
그들은 나를 따르느니라
(요한복음 10장 27절)

그것은 설교가 아니다

초판 1쇄 발행 2024년 6월 1일
초판 3쇄 발행 2024년 7월 18일

지은이   손원배
펴낸곳   주식회사 뉴퓨리턴

주소   서울시 성북구 장위로40다길 19, 1층 106호(장위동)
대표전화 070-7432-6248
이메일   info@newpuritan.kr
팩스   02-6280-6314
출판등록 제25100-2023-043호

ISBN   979-11-986060-3-7 (03200)